MARKETING DE RELACIONAMENTO
Como implantar e avaliar resultados

Iná Futino Barreto Edson Crescitelli

MARKETING DE RELACIONAMENTO
Como implantar e avaliar resultados

©2013 by Iná Futino Barreto e Edson Crescitelli

Todos os direitos reservados. Nenhuma parte desta publicação poderá ser reproduzida ou transmitida de qualquer modo ou por qualquer outro meio, eletrônico ou mecânico, incluindo fotocópia, gravação ou qualquer outro tipo de sistema de armazenamento e transmissão de informação, sem prévia autorização, por escrito, da Pearson Education do Brasil.

Diretor editorial e de conteúdo	Roger Trimer
Gerente editorial	Kelly Tavares
Supervisora de produção editorial	Silvana Afonso
Coordenadora de desenvolvimento	Danielle Sales
Coordenador de produção editorial	Sérgio Nascimento
Coordenadora de arte e produção gráfica	Tatiane Romano
Editor de aquisições	Vinícius Souza
Editoras de desenvolvimento	Cibele Cesario e Sabrina Cairo
Editora de texto	Ana Mendes
Editores assistentes	Luiz Salla e Marcos Guimarães
Revisão	Eloiza Lopes
Capa	Solange Rennó
Projeto gráfico e diagramação	Casa de Ideias

Dados Internacionais de Catalogação na Publicação (CIP)
(Câmara Brasileira do Livro, SP, Brasil)

Barreto, Iná Futino
  Marketing de relacionamento : como implantar e avaliar resultados / Iná Futino Barreto, Edson Crescitelli. – 1. ed. – São Paulo : Pearson Education do Brasil, 2013.

  ISBN 978-85-8143-184-0

  1. Clientes - Contatos 2. Clientes – Satisfação 3. Marketing 4. Marketing de relacionamento 5. Vendas – Metodologia I. Crescitelli, Edson. II. Título.

13-03423   CDD-658.812

Índice para catálogo sistemático:
1. Clientes : Marketing de relacionamento : Administração de empresas   658.812

2013
Direitos exclusivos para a língua portuguesa cedidos à
Pearson Education do Brasil Ltda.,
uma empresa do grupo Pearson Education
Rua Nelson Francisco, 26
CEP 02712-100 – São Paulo – SP – Brasil
Fone: 11 2178-8686 – Fax: 11 2178-8688
vendas@pearson.com

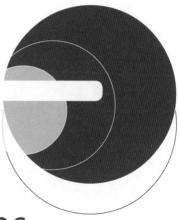

Agradecimentos

Temos de agradecer à preciosa colaboração de todos aqueles que, de alguma forma, se envolveram no processo de desenvolvimento deste livro e nos ajudaram a torná-lo possível. Em especial, agradecemos a:

Ana Akemi Ikeda
Geraldo Luciano Toledo
Marcelo Custodio de Oliveira
Marcio Fujimura
Marcos Elia Soares
Marielza Cavallari
Natália Birepinte
Rafael Kenzo Nakahara
Sabrina Cairo
Sérgio de Souza e Silva
Thelma Rocha
Vinícius Souza

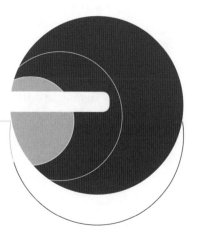

Sumário

Introdução 1
Sobre os autores 7
CAPÍTULO **1** O marketing de relacionamento 9
      1.1 O que é marketing de relacionamento 9
      1.2 Por que trabalhar com marketing de relacionamento 18
      1.3 Quando o marketing de relacionamento é adequado 22
      1.4 Como trabalhar o marketing de relacionamento 25
CAPÍTULO **2** Foco no relacionamento 29
      2.1 Gerenciamento do relacionamento com o cliente 31
      2.2 Envolvimento dos funcionários 35
      2.3 A implantação do marketing de relacionamento 37
CAPÍTULO **3** Identificação dos clientes de maior valor 43
      3.1 Valor vitalício do cliente 45
      3.2 Cálculo do valor vitalício do cliente 49
CAPÍTULO **4** Oferta de valor superior 61
      4.1 Personalização em massa 66
      4.2 Fidelização do cliente 70
CAPÍTULO **5** Como evitar o abandono 77

	5.1	Análise de *churn*	79
	5.2	Gerenciamento de *churn*	83
CAPÍTULO	**6**	Avaliação do resultado	89
	6.1	O que medir	90
	6.2	Como medir	98
	6.3	Ações de correção	112

CASOS PRÁTICOS

Estanplaza Hotels: o desafio de construir uma atitude anfitriã e acolhedora 119

VR & Você 127

Lançamento do New Fiesta: "amigos" estrangeiros enviam cartões-postais a brasileiros 139

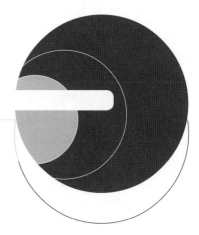

Introdução

O aumento da competitividade, o desenvolvimento tecnológico e a consequente mudança no comportamento do cliente, que vêm ocorrendo desde a década de 1980, tornam cada vez mais importante a busca, por parte das empresas, da criação de vantagens competitivas sustentáveis.[1] Essa busca é impulsionada pela diminuição do ritmo de crescimento da maioria dos setores e pela concorrência internacional cada vez maior, que fazem com que as empresas não possam mais trabalhar com a expectativa constante de expansão de seus mercados.[2]

A vantagem competitiva surge do valor superior que a empresa oferece aos seus clientes.[3] Assim, a entrega desse valor passa a ser perseguida, na tentativa de gerar vantagem competitiva para a empresa.[4] Nesse contexto, o foco no cliente é cada vez mais importante, em especial à medida que a demanda não suplanta mais a oferta, e a concorrência se torna mais intensa. E, quanto maior a disputa entre as empresas pela preferência do cliente, maior a importância do entendimento das necessidades dele e da adequação dos produtos a essas necessidades.[5] O lucro, no caso, é uma consequência da criação de valor para o cliente.[6]

Pela ótica do marketing, o valor é entendido de acordo com a percepção do cliente. O valor percebido pelo cliente é a relação entre os benefícios esperados de determinado produto e os custos totais para adquiri-lo. Ou seja, valor = benefícios/

custos.[7] Em outras palavras, o valor percebido é a expectativa que o cliente tem de que determinado produto irá satisfazer suas necessidades.[8] O cliente atribui ao produto um valor proporcional à capacidade que ele parece ter de ajudá-lo a resolver seus problemas.[9] Desse modo, o cliente busca maximizar seus benefícios, escolhendo as empresas que lhe entreguem maior valor.

Uma vez que a empresa é capaz de oferecer valor superior ao cliente, torna-se mais intenso o relacionamento entre ela e o cliente – e menos interessante para o cliente buscar outros fornecedores.[10] Ou seja, quanto maior o valor entregue pela empresa, mais protegida ela está da competição com empresas concorrentes.

Nesse cenário, o marketing de relacionamento surge como uma alternativa para o desenvolvimento de valor superior por meio da compreensão das necessidades dos clientes e da oferta de produtos adequados a cada um deles.

Definido como o processo contínuo de identificação e criação de novos valores para os clientes individuais e o de compartilhamento de seus benefícios durante toda uma vida de parceria,[11] o marketing de relacionamento é impulsionado pelo aumento da competitividade e pela dificuldade de manter diferenciais baseados em atributos do produto, por causa da rapidez com que novos produtos lançados no mercado são copiados.[12] Ele é também possibilitado pelo desenvolvimento tecnológico, que faculta a comunicação contínua com o cliente e a flexibilidade dos processos.[13]

Por meio do marketing de relacionamento, a empresa é capaz de captar informações suficientes de seus clientes para compreender suas necessidades individuais e adaptar sua oferta a elas. Cada informação fornecida pelo cliente em seus contatos com a empresa pode ser mantida em um único banco de dados acionável sempre que um novo contato é realizado. Dessa forma, torna-se possível a manutenção de um diálogo contínuo ao longo de toda a relação empresa-cliente, que se diferencia dos pequenos contatos pontuais e desvinculados. Ao mesmo tempo, processos mais flexíveis permitem que as informações captadas sejam utilizadas para o desenvolvimento de produtos personalizados e mais adequados às necessidades de cada cliente. Com isso, a fidelidade dos clientes é estimulada, e a possibilidade de troca de fornecedor é minimizada.[14]

Em empresas que passam a trabalhar com marketing de relacionamento, o foco deixa de ser a transação pontual. O objetivo não é mais a efetivação de uma venda independente, e sim a criação de um vínculo e o desenvolvimento de uma série de transações com o mesmo cliente ao longo do tempo.[15] A rentabilidade para a organização passa a ser conquistada a partir do conjunto de transações com cada cliente individual, e não de transações pontuais com a totalidade de clientes.[16]

Essa mudança de foco em conquista para foco em retenção se baseia na premissa de que para conquistar novos clientes são necessários mais investimentos do que para manter a base atual.[17] Por esse motivo, a manutenção e o estímulo da base de clientes devem ser priorizados em relação à conquista de novos. Ao mesmo tempo, uma base de clientes fiéis parece mais interessante para a empresa. Isso porque a probabilidade de o cliente escolher a mesma empresa em uma nova compra é maior, o que, em certa medida, protege a organização da intensificação da concorrência.

A criação de ações de marketing de relacionamento exige, no entanto, grande investimento. É preciso adaptar a empresa à recepção, ao armazenamento e à disseminação das informações do cliente; desenvolver formas de adaptar a oferta às necessidades dele;[18] e (talvez o mais complexo e profundo) modificar o foco e a cultura da empresa, transformando-a em uma organização voltada para o relacionamento.[19]

A criação de uma estrutura de banco de dados capaz de manter um diálogo contínuo com o cliente e de retirar, desse diálogo, informações importantes e precisas sobre aquilo que ele de fato espera requer adaptações em todos os pontos de contato com o cliente, bem como na forma de tratamento dos dados. Novas soluções tecnológicas e de treinamento devem ser desenvolvidas e aplicadas. Além disso, para que a empresa seja capaz de transformar as informações coletadas em ações de adaptação às necessidades dos clientes, todos os seus processos precisam tornar-se mais flexíveis.

Os investimentos em ações de marketing de relacionamento só se justificam se a empresa conquistar seus objetivos e se apropriar de todos os benefícios que essas ações podem trazer. E, para ela se certificar de que isso ocorreu, é preciso que haja um método estabelecido de avaliação dos resultados. Do contrário, não há como a empresa definir se os esforços em marketing de relacionamento estão lhe trazendo vantagens.

Nesse cenário de crescente importância do relacionamento com o cliente e de intensa discussão sobre o marketing de relacionamento, dois pontos necessitam de maior atenção:

O que é exatamente marketing de relacionamento?

Como certificar-se de que as ações de relacionamento desenvolvidas pela empresa estão, de fato, gerando os resultados esperados?

Muito se tem falado sobre marketing de relacionamento. Diversas vezes, contudo, há uma grande confusão sobre o que ele realmente é. Antigas ações promocionais recebem novas roupagens e são apresentadas como ações de marketing de relacionamento, banalizando o conceito. Ao mesmo tempo, não existe hoje um método consolidado de avaliação dos resultados de marketing de relacionamento. Os métodos utilizados ainda não estão bem desenvolvidos ou bem comunicados.[20] Além disso, não há consenso entre os autores sobre o assunto.

Nesse contexto, este livro discute a definição de marketing de relacionamento apresentando as características básicas desse tipo de ação e as principais formas de avaliação de seus resultados. Para isso, são analisados os conceitos mais importantes relacionados à atividade de marketing de relacionamento – conceitos estes que são contrapostos à realidade observada em empresas brasileiras. Espera-se, dessa forma, contribuir para a formação de alunos de graduação e pós-graduação, assim como auxiliar profissionais do mercado em suas decisões de relacionamento.

Referências bibliográficas

1. EVANS, Joel R.; BERMAN, Barry. *Marketing*. Nova York: Collier Macmillan, 1982. PORTER, Michael E. *Vantagem competitiva*. 16. ed. Rio de Janeiro: Campus, 1989. GORDON, Ian H. *Relationship marketing*: new strategies, techniques and technologies to win the customer you want and feet them forever. Toronto: John Wiley & Sons Canada, 1998. VAVRA, Terry G. *Marketing de relacionamento*: after marketing. São Paulo: Atlas, 1993. MCKENNA, Regis. *Marketing de relacionamento*: estratégias bem-sucedidas para a era do cliente. Rio de Janeiro: Campus, 1992.
2. PORTER, op. cit. HOOLEY, Graham J.; SAUNDERS, John. *Posicionamento competitivo*: como estabelecer e manter uma estratégia de marketing no mercado. São Paulo: Makron Books, 1996.
3. PORTER, op. cit.
4. NARVER, John C.; SLATER Stanley F. The effect of a market orientation on business profitability. *Journal of Marketing*, Chicago, v. 54, n. 4, p. 80, out. 1990.
5. EVANS; BERMAN, op. cit.
6. REICHHELD, Frederick. *A estratégia da lealdade*: a força invisível que mantém clientes e funcionários e sustenta crescimento, lucros e valor. Rio de Janeiro: Campus, 1996.
7. GOLDSTEIN, Cláudia Szafir; TOLEDO, Geraldo Luciano. Valor percebido: a ótica do cliente e a ótica do fornecedor. In: SEMINÁRIOS EM ADMINISTRAÇÃO – SEMEAD, 5, 2002, São Paulo. Seminários em Administração. São Paulo: Programa de Pós-Graduação em Administração – FEA/USP, 2002. CD-ROM.
8. WOODRUFF, Robert B.; GARDIAL, Sarah. F. *Know your customer*: new approaches to customer value and satisfaction. Cambridge: Blackwell Publishers, 1996.
9. LEVITT, Theodore. *Imaginação de marketing*. 2. ed. São Paulo: Atlas, 1991.
10. STEVENS, Robert E.; LOUDON, David L.; WRENN, Bruce; WARREN, William E. *Planejamento de marketing*. São Paulo: Pearson Education, 2001.
11. GORDON, op. cit.
12. HOOLEY; SAUNDERS, op. cit. MCKENNA, op. cit.

13. GORDON, op. cit. MCKENNA, op. cit.
14. Ibid.
15. VAVRA, op. cit.
16. PEPPERS, Don; ROGERS, Martha. *Marketing 1to1*. 2. ed. São Paulo: Makron Books, 2001.
17. VAVRA, op. cit.
18. GORDON, op. cit. MCKENNA, op. cit.
19. VAVRA, op. cit.
20. PAYNE, Adrian; FROW, Pennie. A strategic framework for customer relationship management. *Journal of Marketing*, Chicago, v. 69, n. 4, p. 167-176, 2005.

Site de apoio do livro

A Sala Virtual do livro (<sv.pearson.com.br>) oferece recursos adicionais que auxiliarão professores e alunos na exposição das aulas e no processo de aprendizagem.

Para o professor:
- Apresentação em PowerPoint.
- Exercícios adicionais.

Para o aluno:
- Exercícios de múltipla escolha.

O material dos professores é protegido por senha. Para ter acesso a eles, os professores que adotam o livro devem entrar em contato com o seu representante Pearson ou enviar e-mail para universitarios@pearson.com.

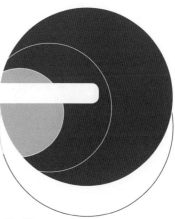

Sobre os autores

Iná Futino Barreto

Doutoranda em administração de empresas pela FEA-USP e mestre também em administração pela mesma instituição (2007). Graduada em comunicação social pela ESAMC (2003). Atualmente, é docente de disciplinas de marketing nos cursos de graduação da FECAP e de pós-graduação da FIA.

Edson Crescitelli

Pós-doutor em marketing pela Chapman Graduate School of Business (2006), da Florida International University. Doutor em marketing pela FEA-USP (2003). Especialista em business management pela Robert Anderson Graduate School of Management (2001), da University of New Mexico. Mestre em administração pela PUC-SP (2000). Pós-graduado em marketing pela ESPM (1986). Graduado em comunicação social pela Faap (1984). Atualmente, é professor doutor MS3, regime RTC, da FEA-USP, diretor acadêmico da pós-graduação da ESPM e pesquisador do CAEPM/ESPM.

CAPÍTULO 1

O marketing de relacionamento

A atividade de marketing de relacionamento é uma resposta a mudanças sentidas no mercado. Porém, não é em toda e qualquer situação que o trabalho de marketing de relacionamento pode ser aplicado. Talvez por isso exista certa confusão sobre o tema e, muitas vezes, ações promocionais pontuais sejam erroneamente definidas como ações de marketing de relacionamento. Dessa forma, antes de tudo, se faz necessário compreender: (1) o que é marketing de relacionamento; (2) por que trabalhar com ele; (3) quando ele é adequado; (4) como ele deve ser trabalhado.

1.1 O que é marketing de relacionamento

Berry foi o primeiro autor a utilizar o termo "marketing de relacionamento", em 1983. Em uma releitura de seu primeiro trabalho, ele aponta como os elementos essenciais do marketing de relacionamento:[1]

> [...] desenvolver um serviço principal sobre o qual será construído o relacionamento; personalizar o relacionamento para clientes individuais; ampliar o serviço principal com benefícios extras; estipular preços para estimular a lealdade do cliente; e comunicar-se com os funcionários para que eles, em retribuição, tenham melhor desempenho com os clientes [tradução nossa].

Do conceito apresentado por Berry, podemos destacar três principais pontos que caracterizam o marketing de relacionamento:

1. *Personalizar o relacionamento para clientes individuais*. O marketing de relacionamento defende que o trabalho de marketing deve ser direcionado para cada cliente individual, e não para a massa, como tradicionalmente acontece. Isso significa, por exemplo, que, em vez de desenvolver comunicações únicas para todos os clientes, as empresas devem se dedicar a criar fluxos de comunicação com cada cliente de grande valor. Trata-se de uma mudança profunda na forma de entender e trabalhar o relacionamento com os mercados. Essa mudança é possibilitada pela utilização de bancos de dados, bem como pela manutenção de uma comunicação contínua e de duas vias com cada cliente (tanto a empresa se comunica com o cliente quanto o cliente se comunica com a empresa).

2. *Oferecer benefícios extras*. Para que o cliente opte por manter um relacionamento duradouro com uma empresa, é preciso que ela seja capaz de oferecer a ele algum tipo de benefício extra. Nenhum cliente optaria por continuar comprando de uma mesma empresa fornecedora sem que esta lhe oferecesse algum tipo de vantagem.

3. *Comunicar-se com os funcionários*. O marketing de relacionamento jamais poderá ser satisfatoriamente implantado sem que os funcionários estejam envolvidos no processo.

O objetivo do marketing de relacionamento não é vender mais para o maior número de clientes, e sim vender mais para cada cliente atual. O que se busca com ele não é a participação de mercado, e sim a participação em relação ao cliente.[2] Empresas focadas em participação de mercado propõem-se a identificar quais necessidades estão presentes para o maior número de clientes, a fim de atender a essas necessidades-padrão de forma uniformizada. Ou seja, elas buscam identificar quais necessidades são comuns ao maior número possível de clientes para que possam atingir muitos consumidores de uma só vez, satisfazendo essas necessidades. Já empresas que buscam participação no cliente procuram identificar o maior número possível de necessidades para cada cliente, como apresentado na Figura 1.1. Assim, o marketing de relacionamento deve buscar o conhecimento íntimo das necessidades dos clientes para estimular a recompra e a compra de outros produtos da empresa (venda cruzada).

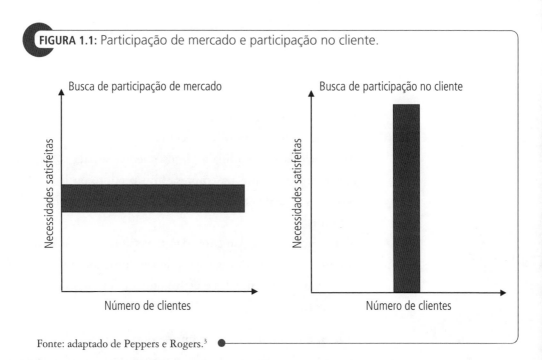

FIGURA 1.1: Participação de mercado e participação no cliente.

Fonte: adaptado de Peppers e Rogers.[3]

Disso tudo podemos concluir que o pilar do marketing de relacionamento é a busca da continuidade na negociação com os mesmos clientes. Tal esforço procura estimular a fidelidade dos clientes por meio da satisfação de suas necessidades e, desse modo, garantir o lucro. A questão, então, é como fazer para assegurar a fidelização do cliente e sua rentabilização. Variadas formas de ação são propostas pelos diferentes autores da área, dentre as quais se destacam:

1. Trabalho de pós-marketing.
2. Relação de aprendizagem com o cliente.
3. Personalização em massa.

A primeira proposta, a do *trabalho de pós-marketing* (ou pós-venda), enfatiza a importância de a empresa dedicar-se a trabalhar com o cliente não apenas antes da venda, mas também depois dela.[4] Empresas que trabalham com o pós-marketing – e, consequentemente, com o marketing de relacionamento – devem manifestar interesse na manutenção da satisfação do cliente, em especial após a compra. O pós-marketing é composto dos seguintes elementos:

- Atividades e esforços para manter o cliente satisfeito após a compra.
- Realização de tudo o que for possível para aumentar a probabilidade de os clientes atuais adquirirem novamente produtos da empresa em futuras ocasiões de compra.
- Aumento da probabilidade de os clientes atuais comprarem outros produtos da empresa (um produto ou linha de produtos complementar), em vez de procurarem um concorrente.
- Mensuração, repetidamente, da extensão da satisfação dos clientes com os produtos atuais, deixando-os conscientes de que estão sendo cuidados e utilizando a informação no planejamento estratégico.[5]

Para isso, é necessário que a empresa deixe de trabalhar com a perspectiva de "fechar uma venda" e passe a operar com a visão de "iniciar um relacionamento". É preciso que ela busque tornar mais semelhantes suas perspectivas com as do cliente, que naturalmente são bastante diferentes, como mostra o Quadro 1.1.

Assim, o marketing de relacionamento diz respeito à mudança da visão de realização de negócios pontuais com os clientes (fechar uma venda) para a visão de uma cadeia de negócios ao longo da vida do cliente com a empresa (iniciar um relacionamento). Logo, o foco de trabalho segundo essa abordagem deve ser a relação com o cliente após a venda, o pós-marketing.

Muitas empresas brasileiras já perceberam a importância de se manter um relacionamento estreito com os clientes após a compra e também de se evitar o potencial destrutivo de clientes insatisfeitos. É prática comum, por exemplo, realizar ações diferenciadas para aqueles clientes que manifestam descontentamento em seus contatos com a empresa. Algumas delas trabalham com unidades de *call center* especialmente treinadas para isso. Caso o cliente entre em contato com a empresa para queixar-se do mesmo motivo ou o analista consiga perceber que se trata de um caso em que o cliente poderá abandonar seu relacionamento com a organização,

QUADRO 1.1: Perspectiva da empresa *versus* perspectiva do cliente.

Perspectiva da empresa	Perspectiva do cliente
Culminação de uma grande negociação de venda.	Iniciação de um novo relacionamento.
Oportunidade de transformar o trabalho em dinheiro.	Preocupação com a atenção exigida pela nova venda.
Fechamento da venda abre oportunidade para novos clientes potenciais.	Quanta atenção e auxílio serão recebidos após a decisão de compra.
Transferência do cliente do departamento de vendas para o departamento de produção.	Desejo de continuar a interagir com o departamento de vendas.

Fonte: Vavra.[6]

isso é cadastrado em um sistema e transmitido para uma unidade especial. Os funcionários dessa unidade, então, entram em contato com o cliente para tentar solucionar seu problema, reverter a situação e mantê-lo na base.

A segunda abordagem sugere que a fidelização e a rentabilização do cliente ocorrerão na medida em que a empresa for capaz de compreender as necessidades específicas de cada cliente individual. Para isso, as empresas precisariam desenvolver uma *relação de aprendizagem com o cliente*, em que cada novo contato seu com o cliente pudesse gerar informações sobre aquilo que ele busca e valoriza.

Por exemplo, imagine quantas vezes você já ligou para o *call center* das empresas com as quais se relaciona. Com certeza, em cada uma dessas ligações, você deixou informações importantes para a empresa. Você pode ter feito uma reclamação, dado uma sugestão ou pedido um novo produto. Se a empresa for capaz de armazenar e utilizar essas informações, certamente poderá oferecer um serviço melhor no futuro.

Sob esse aspecto, o marketing de relacionamento está baseado em pesquisas de relacionamento e bancos de dados, que possibilitam à empresa o entendimento das necessidades e das percepções de seus clientes.[7]

Portanto, as ações de marketing de relacionamento precisam estar necessariamente vinculadas às respostas do consumidor. Essas respostas são importantes para que a empresa tenha intimidade com o mercado e possa, assim, prever alterações de comportamento dos consumidores, adaptando-se a elas.[8]

A terceira abordagem de ação proposta pode ser entendida como uma continuação ou complementação da relação de aprendizagem com o cliente. Isso porque, uma vez que a empresa se dedica a manter um fluxo de comunicação contínuo com o cliente e, por meio desse fluxo, conhecê-lo melhor e aprender com ele, o próximo passo seria adaptar-se a esse cliente. Essa adaptação da oferta às necessidades do cliente pode ser chamada de *personalização em massa*. De acordo com essa perspectiva, o conceito de marketing de relacionamento está vinculado à incorporação do cliente à organização, de modo que ele participe dos processos de desenvolvimento de novos produtos.

Assim, o envolvimento do cliente na formulação e no desenvolvimento do produto e a adaptação desse produto às necessidades de cada cliente ou grupo de clientes (personalização em massa) são características essenciais do marketing de relacionamento.[9]

Com base em tudo isso que vimos, é possível consolidar as principais características de uma ação de marketing de relacionamento. Segundo o exposto, esse tipo de ação é aquele que apresenta as características relacionadas no Quadro 1.2.

Muitas ações desenvolvidas por empresas e apresentadas como ações de marketing de relacionamento não exibem as características listadas no Quadro 1.2. O marketing de relacionamento se caracteriza pela incorporação do cliente à cadeia de valor. Assim, ele não pode ser confundido com ações em que o vendedor busca entender o cliente para vender melhor –

QUADRO 1.2: Características das ações de marketing de relacionamento.

Mudança de visão (de fechamento de negócios para início de relacionamento).
Relação com o cliente após a venda.
Vínculo das ações de marketing com as respostas do consumidor.
Envolvimento do cliente na formulação e no desenvolvimento do produto.
Adaptação do produto às necessidades de cada cliente ou grupo de clientes.

o marketing de relacionamento não se preocupa com a melhor forma de vender um produto já existente no mercado, e sim com o desenvolvimento de um produto adequado. Ele também não pode ser confundido com programas que apenas estimulam o consumo.[10]

De fato, ações promocionais que buscam estimular a venda ou conquistar novos clientes não apresentam foco no relacionamento que visa desenvolver benefícios extras aos clientes atuais. Por exemplo, é prática comum a muitas empresas enviar malas diretas a todos os seus clientes cadastrados. O envio dessas malas diretas pode ser classificado como marketing de relacionamento? A resposta é: não. Para que o marketing de relacionamento ocorra, é preciso que a empresa seja capaz não só de enviar comunicações a seus clientes, mas também de receber e armazenar as informações transmitidas por eles, aprender com essas informações e, o que é mais importante, adaptar suas ofertas.

O marketing de relacionamento pode ser entendido como uma forma de entregar valor superior ao cliente por meio do entendimento de suas necessidades individuais. Isso se torna importante por causa das mudanças no cenário competitivo – é por meio da entrega de valor superior aos clientes que as empresas podem "evitar que a água vaze pelo buraco no fundo do balde". Para isso, é preciso que as organizações trabalhem com bancos de dados de seus clientes e sejam capazes de adaptar seus processos e produtos de acordo com aquilo que é apontado por eles em seus diversos contatos, conforme mostra a Figura 1.2.

Observe que a proposta do marketing de relacionamento nada mais é do que conhecer seus clientes e entregar a eles o que querem. Conhecer os clientes e manter um diálogo contínuo com eles não é mais sofisticado do que aquilo que os pequenos comerciantes sempre fizeram. Quando o dono de uma pequena alfaiataria possui uma caderneta com o nome e os contatos de cada um de seus clientes, ele mantém um banco de dados deles. Se esse alfaiate, além de

FIGURA 1.2: O processo de marketing de relacionamento.

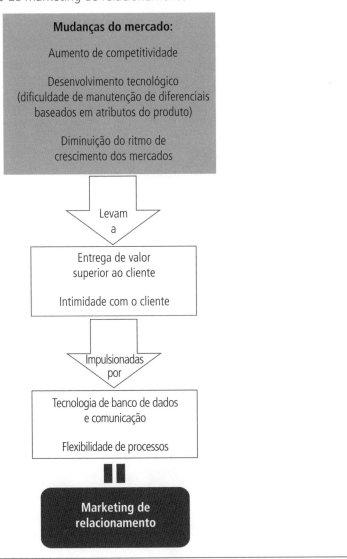

manter a caderneta, tomar nota de todos os pedidos de cada um de seus clientes, de suas medidas, dos modelos de que mais gostam e de que desgostam, ele terá uma relação de aprendizagem com o cliente. O alfaiate pode ainda procurar se adaptar e modificar suas ofertas de acordo com as opiniões manifestadas pelos clientes – por exemplo, ele pode começar a trabalhar com um novo tecido para se adaptar às mudanças de gosto de alguns clientes especiais. Se fizer isso, o alfaiate trabalhará com a personalização em massa. É bem possível que muitos clientes desse alfaiate prefiram continuar encomendando suas roupas com ele ao longo do tempo, afinal, o alfaiate já conhece seus gostos, sabe como melhor atendê-los e adapta-se às suas necessidades. Esses são seus clientes fiéis. A dificuldade estaria em transplantar o processo artesanal de relacionamento entre um pequeno alfaiate e sua clientela fiel para o relacionamento entre empresas maiores e sua carteira de clientes.

Por fim, é importante destacar que o marketing de relacionamento não se volta, necessariamente, para o cliente final. Por muito tempo, ele foi tratado apenas como uma possibilidade de trabalho na relação entre comprador e vendedor.[11] Hoje, entretanto, o marketing de relacionamento é visto de forma mais ampla, na medida em que abrange todos os relacionamentos que podem interferir na satisfação do cliente – relacionamento entre empresa e cliente; entre empresa e outra empresa parceira; entre empresa e distribuidores e fornecedores; e até entre empresas concorrentes.

O foco trabalhado aqui é o relacionamento com o cliente final. Toda a discussão deste livro terá esse enfoque. Mas é preciso que fique claro que ações semelhantes podem ser desenvolvidas com outros públicos de relação da empresa.

1.2 Por que trabalhar com marketing de relacionamento

O surgimento do marketing de relacionamento como estratégia empresarial não pode ser entendido ou defendido por um único fator. Ele é o resultado de uma série de fatores. Em linhas gerais, pode-se dizer que, com a diminuição do ritmo de crescimento dos mercados, o aumento da competitividade, o desenvolvimento tecnológico e a mudança no comportamento do consumidor, cada cliente passou a ser mais valioso para a empresa.

Para começar, com a diminuição do ritmo de crescimento dos mercados, a empresa não pode mais se dar ao luxo de perder seus clientes atuais, pois estes não serão facilmente substituídos por novos. Imagine que você está tentando manter um balde cheio, mas, no fundo desse balde, há um furo. Se existe uma torneira constantemente enchendo o balde e seu fluxo de água é intenso o suficiente para compensar a quantidade de água que é perdida pelo buraco, o balde se mantém sempre cheio. Mas, se você começa a fechar a torneira, aos poucos o fluxo de água que enche o balde reduz. E, à medida que o fluxo reduz, a quantidade de água perdida pelo furo no fundo do balde não é mais compensada pela quantidade que entra vinda da torneira. Seu balde, então, começa a se esvaziar, até ficar quase totalmente vazio.

A situação do mercado é bastante semelhante ao exemplo do balde. Enquanto o fluxo de novos clientes é intenso, a empresa pode se dar ao luxo de perder uma série de clientes pelo "buraco no fundo do balde". Mas, à medida que esse fluxo reduz, os clientes perdidos não são mais substituídos por novos, e a empresa começa a sentir uma diminuição em sua carteira de clientes e, consequentemente, em sua receita.

Essa situação se agrava ainda mais quando consideramos que a redução do ritmo de crescimento do mercado não impacta apenas uma empresa, mas sim o mercado como um todo. Assim, as empresas que quiserem crescer precisarão, muitas vezes, buscar clientes de seus concorrentes. Em outras palavras, quanto menor o ritmo de crescimento do mercado, maior a competitividade, maior a dificuldade para conquistar novos clientes; quanto maior a competitividade, maior a necessidade de a empresa se destacar diante de seus competidores.

A partir da década de 1980, três fatores passaram a pressionar sensivelmente a competição: a globalização, que torna os mercados menos fechados e protegidos; o desenvolvimento tecnológico, que torna os processos de produção mais flexíveis e permite o rápido desenvolvimento de produtos, bem como a cópia de produtos existentes; e a redução dos índices de crescimento dos mercados, que diminui a estimativa de crescimento da demanda.[12]

Nesse contexto, é preciso que as empresas sejam capazes de evitar que a "água" continue vazando pelo "furo no fundo do balde". Para isso, elas devem desenvolver diferenciais que as tornem mais atraentes aos olhos do consumidor. Uma possibilidade seria criar produtos tecnicamente melhores. Porém, em muitos mercados, é cada vez mais rápido o processo de cópia de novos produtos por empresas concorrentes. Por conta disso, conseguir manter uma vantagem em qualidade técnica em relação ao concorrente é mais e mais raro. Assim, o foco de manutenção de vantagem competitiva tende a ser a qualidade funcional ou de processo – ou seja, o relacionamento da empresa com o cliente.[13]

Esse é o foco do marketing de relacionamento. Seu objetivo é desenvolver um relacionamento tão estreito e satisfatório com os clientes que eles não tenham interesse em buscar outras empresas fornecedoras.[14] Isso pode ser conquistado por meio do aumento do valor de seus produtos pela ótica do consumidor. Portanto, para que uma empresa tenha alto valor, ela precisa ser capaz de criar valor para o consumidor.[15]

A visão de que a empresa deve buscar a preferência do cliente por meio da satisfação de suas necessidades não é nova. O que diferencia o marketing de relacionamento é o foco na continuidade da negociação com os mesmos clientes, isto é, na retenção, em vez de na conquista (o foco é em "evitar que água escape pelo fundo do balde", e não em "aumentar o fluxo de água da torneira").[16]

O marketing de relacionamento parte da premissa de que a manutenção dos clientes é mais barata do que a conquista de novos. Isso ocorre porque, quanto maior a competividade, menor o fluxo de novos clientes e, portanto, mais caro conquistá-los. Voltando à analogia com o balde furado, quanto menor o fluxo de água que sai da torneira, mais difícil é encher o balde e, portanto, mais importante evitar que o balde perca água por seu buraco no fundo.

Para que os investimentos feitos pela empresa na conquista do cliente sejam reavidos, é necessário que ele realize um número determinado de transações ao longo de um período específico. Ou seja, para que o cliente comece de fato a gerar resultados positivos para a empresa, é preciso que ele efetue certo número de compras (em geral, uma única compra não é suficiente para recuperar os investimentos da empresa). O problema é que, muitas vezes, o cliente abandona o relacionamento com a empresa antes que esse ponto seja atingido. Nesses casos, os investimentos em conquista não são recuperados. Além disso, manter um cliente atual é muito mais barato do que conquistar um novo, porque o atual está livre dos custos de conquista (como comunicação de massa, custos operacionais de instalação das condições de administração de contas e custo do tempo necessário para conhecer o cliente).

A importância da fidelização do cliente é ainda reforçada pelo potencial destrutivo dos clientes insatisfeitos que deixam de realizar negócios com a empresa. Um cliente que abandona o relacionamento representa mais do que uma perda. A comunicação negativa de um cliente insatisfeito pode prejudicar o desenvolvimento de novos negócios e a conquista de novos clientes.[17]

Além disso, entende-se que o cliente fiel tende a realizar mais transações com a empresa – clientes fiéis compram mais produtos com maior frequência e, por isso, podem ser mais lucrativos do que clientes novos. O foco do marketing de relacionamento é conseguir manter clientes de alto valor para que a empresa lucre por meio de uma série de negociações com eles ao longo do tempo.

Por tudo isso, o marketing de relacionamento pode ser entendido como um complemento do marketing tradicional, de massa, baseado nos 4Ps (preço, produto, promoção e praça), que considera o mercado dividido em segmentos com necessidades e características em certa medida semelhantes, e volta-se ao cliente de forma mais individualizada, pressupondo relacionamentos duradouros.

1.3 Quando o marketing de relacionamento é adequado

A adoção do marketing de relacionamento implica a modificação do foco de toda a organização, que passa a se direcionar para o cliente e a sua fidelização. Isso exige a integração e o envolvimento de toda a empresa e, muitas vezes, a reformulação da estrutura existente. O desenvolvimento de uma ação de marketing de relacionamento exige investimentos muito grandes, por isso ele não deve ser feito sem que se possa garantir que esses investimentos trarão, de fato, resultados lucrativos.

Por consequência, o primeiro passo antes de se iniciar um esforço de relacionamento é entender se o mercado em que a empresa atua é, efetivamente, receptivo a esse tipo de trabalho. Existem casos em que o marketing de relacionamento não é a solução adequada. São eles:

- Não há possibilidade de criação de valor superior.
- Não há clientes que possam gerar lucratividade suficiente para justificar o esforço em relacionamento.
- A cultura da empresa é inadequada ao foco no cliente e ao relacionamento.[18]

A primeira situação (não há possibilidade de criação de valor) pode ser ilustrada, por exemplo, pelo sabonete, um produto de baixo envolvimento. Em casos como esse, a adequação do produto a cada cliente individual e o oferecimento de vantagens baseadas no conhecimento da demanda do cliente são dificultados. Quanto menor o envolvimento do cliente, menor a chance de criação de valor e, consequentemente, menores as possibilidades de sucesso de uma ação de marketing de relacionamento.[19] É preciso, porém, que se entenda que essa não é uma regra rígida. Até mesmo no caso do sabonete é possível realizar um trabalho com o marketing de relacionamento, desde que se escolha o segmento adequado – é possível, por exemplo, focar em pessoas que apresentam grande preocupação com a pele e que estão dispostas a pagar mais por um sabonete feito especialmente para as necessidades dela.

A segunda situação (não há clientes que possam gerar lucratividade suficiente para justificar o esforço em relacionamento) ocorre quando a base de clientes da empresa não apresenta clientes com alto valor nem com alto potencial de valor. O valor, ou a lucratividade, que um cliente pode gerar para a empresa é chamado de *valor vitalício do cliente*. Nos casos em que há pouco valor vitalício dos clientes, não há interesse da empresa em investir nos clientes individuais. A estratégia mais adequada, então, é focar a conquista de clientes e buscar a rentabilidade em cada transação pontual. Setores em que o índice de recompra é muito baixo podem ser exemplos desse tipo de situação. Se os clientes compram apenas uma vez e depois não voltam a comprar, não há por que investir no relacionamento com eles. Aqui, o marketing de relacionamento não é interessante. A questão do valor do cliente é discutida mais profundamente no Capítulo 3, "Identificação dos clientes de maior valor".

Por fim, a terceira situação (a cultura da empresa é inadequada ao foco no cliente e ao relacionamento) é mais estrutural e diz respeito à própria empresa. Existem casos em que a cultura da organização não comporta a filosofia de foco no cliente. Aí, o investimento em relacionamento apresenta chances muito maiores de fracasso. Para que o marketing de relacionamento seja adotado, é importante que a empresa possa oferecer um nível mínimo de flexibilidade dos processos, a fim de que a personalização em massa ocorra. Ao mesmo tempo, é necessário que a comunicação possa fluir de forma ágil entre todos os setores da empresa, para que todos os que têm contato com o cliente sejam capazes de continuar um só diálogo, em vez de desenvolver pequenas conversas desvinculadas.

É possível fazer uma análise sobre a possibilidade de trabalho com marketing de relacionamento considerando o valor vitalício do cliente, bem como a flexibilidade dos processos da empresa e sua agilidade/interatividade de comunicação, conforme apresentado na Figura 1.3. Caso existam clientes com grande potencial de retorno (grande valor vitalício), há interesse da empresa em criar vínculos de relacionamento com eles. Mas, além de interesse, é preciso que a empresa tenha capacidade para trabalhar o relacionamento com os clientes, ou seja, é preciso que, no mínimo, ela tenha flexibilidade dos processos e comunicação ágil e interativa com os clientes (ou, pelo menos, seja capaz de desenvolver essas habilidades).[20]

Em geral, por causa de algumas características dos serviços, é mais fácil trabalhar o marketing de relacionamento com eles. Para começar, os contatos necessários entre o prestador e o cliente facilitam a criação de um relacionamento entre as partes.[21] Além disso, a flexibilização dos processos é mais simples em serviços do que em bens. A fabricação de bens únicos pode ser complicada (como no

FIGURA 1.3: Quando utilizar o marketing de relacionamento.

Valor vitalício do cliente	Baixo	Alto
Alto	Especialização e nicho	Marketing de relacionamento
Baixo	Marketing de massa	Gerenciamento de custo

Agilidade/Interatividade da comunicação e flexibilidade dos processos

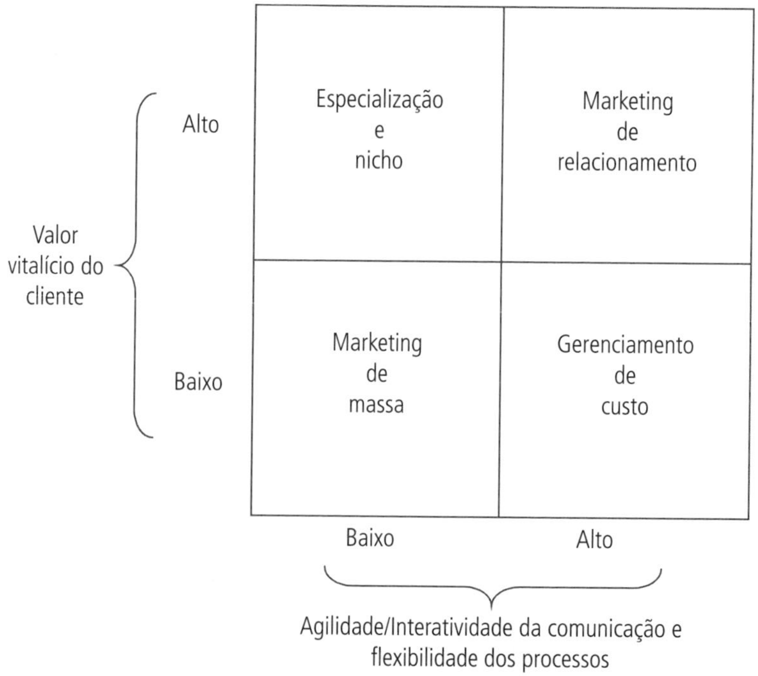

Fonte: Gordon.[22]

caso de carros), mas em serviços isso se torna mais fácil de ser feito por causa de sua heterogeneidade.[23] Por fim, em serviços, é mais fácil a criação e a atualização de bancos de dados de clientes. Isso porque, nesse setor, os formulários já fazem parte do negócio, de modo que as empresas têm mais acesso às informações dos clientes.[24]

Isso não significa, é claro, que todo e qualquer serviço pode e deve se envolver com o marketing de relacionamento, nem que todo bem sairá fracassado de uma tentativa. Implica apenas que os serviços apresentam algumas características que tornam a aplicação do marketing de relacionamento mais fácil com eles do que com bens.

Se o mercado e a organização são, de fato, atrativos para o marketing de relacionamento, pode-se, então, dar início à ação. Em muitos casos, contudo, mesmo havendo possibilidades de trabalhar o relacionamento, as iniciativas fracassam.

1.4 Como trabalhar o marketing de relacionamento

O trabalho de marketing de relacionamento, como já dito, foca especialmente na retenção de clientes atuais. No entanto, para que eles sejam retidos, todo o ciclo de relacionamento entre a empresa e o cliente precisa ser voltado para a criação de relações duradouras. Os passos que compõem esse ciclo são: conquista, ativação, fidelização, retenção e recuperação.

Assim, o primeiro passo do relacionamento é a *conquista*. O foco da ação de marketing de relacionamento é a manutenção de relações estáveis com clientes atuais, e não a conquista de novos clientes. No entanto, para que o relacionamento se inicie, é preciso que os clientes sejam conquistados. A questão é que, sob a ótica do marketing de relacionamento, a conquista de clientes não deve se pautar apenas na atração de clientes novos para a empresa. Em vez disso, o foco deve ser atrair pessoas que tenham potencial para se tornar clientes de relacionamento de longo prazo. Isso pode ser feito por meio de um trabalho adequado de segmentação de mercado.

A segmentação de mercado visa identificar grupos de consumidores com comportamentos comuns e separar aqueles que apresentam comportamentos diferentes. Aqui, o foco é não apenas reconhecer os segmentos existentes para definir a melhor forma de servi-los, mas também ser capaz de identificar quais são as caraterísticas de um segmento com grande potencial de relacionamento. Para um exemplo real do processo de segmentação de clientes, veja o caso "VR & Você", no Apêndice deste livro.

O segundo passo do ciclo é a *ativação*. De nada adianta conquistar clientes com grande potencial de relacionamento se eles não iniciarem, de fato, suas transações com a empresa. A ativação diz respeito ao estímulo para a utilização do produto adquirido, bem como para a ampliação da taxa de uso desse produto. Por exemplo, você pode solicitar um cartão de crédito para seu banco. No momento em que você faz a solicitação, já é um novo cliente. No entanto, você só se tornará um cliente ativo a partir do momento em que começar a utilizar o cartão em suas compras. Quanto mais você utilizar o cartão, maior será a sua ativação. E, quanto mais um cliente utiliza o produto da empresa, mais atrativo ele se torna.

O terceiro passo do ciclo de relacionamento é a *fidelização* do cliente. É preciso garantir que os clientes de maior valor se mantenham fiéis, ou seja, é preciso impedir que esses clientes sejam perdidos para a concorrência. Para isso, a empresa precisa ser capaz de entregar algum tipo de valor que estimule seus clientes a se manterem fiéis. Um cliente só permancerá fiel se isso for, de alguma forma, vantajoso para ele. A fidelização dos clientes é um dos principais benefícios que o trabalho de marketing de relacionamento pode gerar.

Mesmo com o trabalho de fidelização, alguns clientes podem entrar em atrito com a empresa. Para tanto, é preciso que sejam trabalhados os dois últimos passos do ciclo de relacionamento: a *retenção*, que visa impedir que um cliente em atrito de fato se desligue do relacionamento com a empresa, e a *recuperação*, que visa recuperar clientes perdidos.

No entanto, para que o ciclo de relacionamento ocorra de forma adequada, é necessário que uma série de adaptações aconteça na empresa. Em especial, é preciso: (1) focar no relacionamento; (2) identificar os clientes de maior valor; (3) ofertar valor superior; (4) evitar o abandono; (5) avaliar o resultado auferido. Os capítulos a seguir tratam com mais detalhes das adaptações necessárias para o processo de relacionamento.

Questões

1. Por que a evolução tecnológica pode ser considerada um dos impulsionadores do trabalho de marketing de relacionamento?

2. Qual a diferença do foco em participação de mercado e participação no cliente?

3. Por que é necessário que haja grande valor vitalício do cliente, bem como flexibilidade dos processos e agilidade/interatividade da comunicação, para que o marketing de relacionamento seja uma atividade adequada?

4. Você concorda que é mais fácil operacionalizar o marketing de relacionamento em serviços do que em bens físicos? Por quê?

5. Imagine uma empresa com a qual você se relacione há alguns anos. Analise como se deram os passos do ciclo de relacionamento em sua vinculação com essa empresa.

Referências bibliográficas

1. BERRY, Leonard. Relationship marketing of services: growing interest, emerging perspectives. *Journal of the Academy of Marketing Science*, Miami, v. 23, n. 4, p. 236, outono 1995.
2. PEPPERS, Don; ROGERS, Martha. *Marketing 1to1*. 2. ed. São Paulo: Makron Books, 2001, p. 22.
3. Ibid., p. 23-25.
4. VAVRA, Terry G. *Marketing de relacionamento*: aftermarketing. São Paulo: Atlas, 1993.
5. Ibid., p. 30.
6. Ibid., p. 32.
7. ZEITHAML, Valarie. A.; BITNER, Mary J. *Marketing de serviços:* a empresa com foco no cliente. 2. ed. Porto Alegre: Bookman, 2003.
8. RIBEIRO, Áurea Helena Puga; GRISI, Celso Cláudio de Hildebrande; SALIBY, Paulo Eduardo. Marketing de relacionamento como fator-chave de sucesso no mercado de seguros. *RAE*, São Paulo, v. 39, n. 1, p. 31-41, 1999.
9. SALIBY, Paulo Eduardo. O marketing de relacionamento: o novo marketing da nova era competitiva. *RAE Light*, São Paulo, v. 4, n. 3, p. 6-12, 1997. MCKENNA, Regis. *Marketing de relacionamento*: estratégias bem-sucedidas para a era do cliente. Rio de Janeiro: Campus, 1992. GORDON, Ian H. *Relationship marketing*: new strategies, techniques and technologies to win the customer you want and feet them forever. Toronto: John Wiley & Sons Canada, 1998. PEPPERS; ROGERS, op. cit. SHETH, Jagdish N.; PARVATIYAR, Atul. *A handbook of relationship marketing*. Thousand Oak: Safe Publication, 2000.
10. GORDON, op. cit., p. 18-20.
11. RIBEIRO; GRISI; SALIBY, op. cit.
12. MCKENNA, op.cit.; VAVRA, op. cit.
13. GRÖNROOS, Christian. *Marketing*: gerenciamento e serviços. Rio de Janeiro: Campus, 1995.
14. STEVENS, Robert E.; LOUDON, David L; WRENN, Bruce; WARREN, William E. *Planejamento de marketing*. São Paulo: Pearson Education, 2001, p. 98.
15. PORTER, Michael E. *Estratégia competitiva*: técnicas para análise de indústrias e da concorrência. 5. ed. Rio de Janeiro: Campus, 1991.
16. BERRY, op. cit., p. 236-245.
17. VAVRA, op. cit.
18. GORDON, op. cit.
19. Ibid.
20. Ibid.
21. BERRY, op. cit., p. 236-245.
22. GORDON, op. cit.
23. Ibid.
24. VAVRA, op. cit.

CAPÍTULO 2

• Foco no relacionamento

O foco do trabalho do marketing de relacionamento é, como o próprio nome indica, manter um relacionamento duradouro com o cliente. Para isso, é preciso que a empresa reconheça quem são seus clientes e mantenha com eles um contato contínuo. A tecnologia é o principal fator impulsionador desse trabalho.

De fato, o mesmo desenvolvimento tecnológico apontado no Capítulo 1 como impulsionador da concorrência, por facilitar a cópia rápida e de qualidade de produtos recém-lançados, é também responsável por possibilitar o trabalho com bancos de dados e a flexibilização dos processos de produção.

Com a tecnologia mais barata e acessível, tornou-se possível o foco no cliente de forma mais eficiente. Isso porque cada informação fornecida pelo cliente em seus contatos com a empresa pode ser mantida em um único banco de dados. Desse modo, as empresas passam a poder aprender com seus clientes continuamente e, assim, compreender melhor suas necessidades, atendendo-os de forma mais acertada.[1]

A existência de um banco de dados é condição básica para o desenvolvimento do marketing de relacionamento. Uma empresa não pode buscar estreitar seu relacionamento com seus clientes se não for capaz, no mínimo, de identificar quem eles são. Mas, mais do que uma lista de nomes e telefones, o banco de dados precisa ser uma ferramenta acessível durante todos os contatos do cliente com a empresa para que, em cada novo contato, a organização seja capaz de identificar quem é o cliente com quem está lidando e qual o histórico de relacionamento desse cliente com ela.

Todo relacionamento pressupõe continuidade. Imagine a seguinte situação: você é apresentado a um novo colega de trabalho. Nesse primeiro contato, você supõe precisar se identificar e contar um pouco sobre você e seu trabalho. Mas, da próxima vez em que se encontrarem, você espera, naturalmente, que seu colega se lembre de você, de quem é e com o que trabalha. Certamente, você ficaria irritado se tivesse que se apresentar de novo, e mais ainda se já tivesse encontrado com seu colega diversas vezes antes.

Isso não é diferente no relacionamento entre empresas e clientes. Lembre-se de alguma situação em que você teve problemas com uma empresa com a qual transaciona (com sua prestadora de serviços de Internet, por exemplo). No primeiro contato para realizar a reclamação, você provavelmente estava disposto a descrever o problema que enfrentava e explicar à empresa o motivo de seu descontentamento. Mas, caso o problema não tenha sido solucionado de imediato e você tenha precisado retornar o contato, certamente em sua segunda ligação você estava menos disposto a explicar toda a situação de novo. Agora imagine quão insatisfeito você ficaria se tivesse que repetir a mesma história e recontar todo o seu problema em cada contato com a empresa, caso tivesse que contatá-la, digamos, durante dez dias consecutivos!

Se a empresa possuísse um banco de dados acionável em cada contato do cliente, esse tipo de situação não ocorreria, pois, assim que o cliente entrasse em contato, ele seria identificado e seu histórico de contatos seria resgatado. Dessa forma, a empresa poderia continuar a "conversa" com o cliente do ponto em que pararam. Isso é importante não apenas para situações de reclamação, mas também para sugestões, ou mesmo para o processo normal de compras. Imagine quão mais prático seria realizar uma compra se a empresa já tivesse registradas suas preferências. O gerenciamento do relacionamento com o cliente visa tornar isso possível.

2.1 Gerenciamento do relacionamento com o cliente

Geralmente, as pessoas se referem ao gerenciamento do relacionamento com o cliente por seu nome em inglês: *customer relationship management*, ou CRM. Portanto, a partir deste ponto, ele será tratado neste livro como CRM.

A definição de CRM ainda é confusa – algumas vezes, o termo é tratado como sinônimo de banco de dados, ou mesmo de marketing de relacionamento. Seja como for, o CRM pode ser definido como a estrutura necessária para implantar a filosofia de marketing de relacionamento.[2] Ele diz respeito à captura, ao processamento, à análise e à distribuição de dados com foco no cliente. A colocação de Bretzke[3] complementa essa definição, ao acrescentar que "a estratégia de CRM dispõe da tecnologia que permite enriquecer o relacionamento com os clientes, coletar informações sobre qualquer contato que ocorra por qualquer meio" e "realizar as análises dos clientes de forma mais flexível".

O CRM possibilita que o marketing de relacionamento seja posto em prática. Como já foi observado, o marketing de relacionamento trabalha com a manutenção de um diálogo junto aos clientes e com a aprendizagem das necessidades de cada um deles para poder adaptar os produtos a elas. Assim, a manutenção e o tratamento das informações de cada cliente são essenciais. A possibilidade de trabalho com o CRM é um dos principais resultados do desenvolvimento tecnológico que permite o marketing de relacionamento.

É preciso, no entanto, evitar um equívoco comum: o CRM não é apenas uma tecnologia de tratamento de dados baseada em softwares especializados – o CRM é mais do que isso, ele está ligado à implantação da filosofia de relacionamento.[4] O CRM possibilita que todas as informações coletadas nos diversos pontos de contato do cliente com a empresa estejam conectadas a um único sistema e disponíveis em todos os novos contatos da empresa com o cliente. Desse modo, a empresa é realmente capaz de desenvolver um diálogo contínuo com o cliente e aprender com ele.[5]

Empresas de cartão de crédito, por exemplo, trabalham muito fortemente o CRM. A própria operação desse tipo de negócio faculta a criação de uma série de informações relevantes sobre o cliente: existem os dados de cadastro que o cliente precisa transmitir à empresa para adquirir o serviço e, ainda, os dados de transação, coletados sempre que o cliente utiliza o cartão. Isso permite à empresa conhecer muito bem seu cliente e desenvolver contatos e ações direcionados a cada grupo de clientes.

De fato, a partir do momento em que o cliente adquire o cartão, a empresa responsável por ele passa a dispor de mais dados e mais possibilidades de trabalho diferenciado para sua base de clientes. Na conquista, os únicos dados disponíveis são os de cadastro e os geográficos. Porém, depois de adquirido o serviço, podem ser trabalhados também os dados de consumo do cliente. Empresas de cartão de crédito são capazes de capturar e analisar o hábito de consumo do cliente de forma bastante detalhada, considerando frequência semanal de compra, locais onde costuma comprar, tipos de produto que compra, valor médio das compras, e assim por diante.

As ofertas passam, então, a ser montadas e oferecidas de acordo com o comportamento dos clientes, sendo balizadas pelo potencial de retorno. Para isso, é realizado um trabalho de segmentação no qual a base de clientes é dividida em grupos de comportamento diferentes. Conforme o padrão de consumo, são determinados os produtos e os benefícios que serão oferecidos ao cliente.

Essa segmentação permite à empresa realizar campanhas e promoções dirigidas. Por exemplo, se um cliente apresenta gasto com materiais de construção, é possível prever que, em alguns meses, ele gastará em móveis, pois, muito provavelmente, está construindo ou reformando sua casa ou escritório. Assim, a empresa pode desenvolver e ofertar-lhe promoções de móveis, antecipando-se a uma necessidade do cliente.

Esse trabalho desenvolvido pelas empresas de cartão de crédito, porém, é apenas um exemplo. Empresas de diversos outros setores também utilizam (ou poderiam utilizar) os dados de transações e de contatos com seus clientes para otimizar a tomada de decisão e o relacionamento com o consumidor.

À medida que os clientes se tornam mais exigentes e menos tolerantes a empresas incapazes de reconhecê-los, e que as empresas se distanciam de seus clientes por conta de números crescentes de intermediários, o CRM ganha mais importância. Se os clientes esperassem que as empresas não os reconhecessem e estivessem dispostos a "se apresentar" de novo a cada contato, o CRM não seria necessário. Se a empresa tivesse contato direto com todos os seus clientes, mantendo uma base realmente pequena deles, o CRM também não seria necessário. Por exemplo, se o dono de uma pequena venda de bairro é capaz de reconhecer cada um de seus clientes e se lembrar deles, ele não precisa de um sistema de CRM. Mas, à medida que a empresa se distancia de seus clientes e suas bases se tornam amplas, sistemas de manutenção e acionamento de dados se tornam indispensáveis.

O CRM, no entanto, não deve centrar-se apenas na coleta e na análise das informações dos clientes. De nada adiantará o acúmulo de informações se a empresa não tiver capacidade de realizar ações baseadas nelas – de que serve uma empresa manter um banco de dados completo se não o utilizar para desenvolver melhores produtos ou para manter um diálogo com o cliente? Existe comumente uma diferença entre a quantidade de informação que a empresa possui e sua capacidade de análise e execução (potencial de uso). Reduzir ao máximo a lacuna entre as informações e o potencial de uso é essencial para que os investimentos no CRM não sejam desperdiçados.[6] De fato, o CRM só trará resultados positivos se as informações realmente puderem ser utilizadas no relacionamento da empresa com o cliente.

Os esforços de CRM são úteis não só para que os clientes sejam reconhecidos, mas também para que as diversas informações sobre eles possam ser concentradas e analisadas em conjunto. Como já observado, de posse dessas informações, as empresas podem, por exemplo, desenvolver produtos mais adequados; podem até solucionar problemas de seus produtos atuais. Isso não significa, porém, que as soluções de CRM são necessariamente perfeitas. Mesmo as empresas de cartões de crédito, anteriormente citadas como exemplos de sucesso, vivenciam dificuldades em operacionalizar o gerenciamento do relacionamento com o cliente.

Por exemplo, hoje, existe no Brasil um emissor de cartões de crédito que trabalha com o entendimento do histórico das relações com o cliente e, a partir disso, determina as melhores formas de contato com ele e as melhores ofertas de benefícios. Esse emissor não possui, contudo, uma ferramenta de CRM disponível em tempo real para todos os pontos de contato com o cliente. Da forma como a operação ocorre hoje, não é possível o desenvolvimento de uma comunicação contínua, em que o atendente é capaz de resgatar os contatos anteriores do cliente em cada novo contato e, assim, retomar o diálogo do ponto em que ele parou.

Em contrapartida, a empresa consegue disponibilizar uma série de informações e segmentações nos pontos de contato com o cliente (como central de atendimento, cobranças ou retenção) e, assim, desenvolver contatos relevantes. Ela é capaz de identificar perfis de clientes, segmentando a base em clientes que respondem de modo semelhante às diversas formas de contato com a empresa e às diferentes ofertas que ela pode fazer.

Fica claro, então, que, nessa empresa, as ferramentas de CRM analítico são bastante robustas e largamente utilizadas. Porém, como ainda não há uma ferramenta de CRM operacional, as informações levantadas e disponíveis pelo CRM analítico não são totalmente utilizadas por não estarem disponíveis em todos os pontos de contato do cliente com a empresa. Em outras palavras, a capacidade de captação das informações dos clientes já está desenvolvida. A dificuldade agora é fazer com que essas informações sejam colocadas à disposição em todos os pontos de contato com o cliente, de modo que a organização tenha acesso a elas. Apesar dessa dificuldade, é inegável que a existência da ferramenta de CRM traz vantagens para a empresa, por causa da captura e da manutenção de informações dos clientes.

Se bem desenvolvido, o trabalho de CRM pode trazer vantagens relevantes para o marketing de relacionamento. Esse trabalho pode gerar resultados relacionados ao cliente em dois pontos importantes: *reconhecimento*, quando o consumidor é ouvido e envolvido com a organização, e *relevância*, quando o cliente percebe que os produtos são desenvolvidos de acordo com suas necessidades.[7]

2.2 Envolvimento dos funcionários

Muitas tentativas de desenvolvimento de ações de marketing de relacionamento não dão certo por problemas de tecnologia de banco de dados de clientes, mas, na maioria das vezes, o que leva o relacionamento ao fracasso é a falta de engajamento dos funcionários. Se os funcionários não estiverem, efetivamente, motivados a realizar o relacionamento e convencidos de suas vantagens, ele simplesmente não vai acontecer.[8]

O relacionamento ocorre de forma satisfatória quando as promessas feitas aos clientes se concretizam e quando estes percebem o valor maior em relacionar-se com a empresa. A ação de relacionamento só poderá acontecer se os funcionários estiverem engajados no relacionamento com o cliente.[9] Todo contato do cliente com a empresa deve ser satisfatório – a satisfação é construída por meio dos contatos que o cliente tem com a empresa, e cada um deles é importante (os contatos do cliente com a empresa podem ser chamados de *momentos da verdade*). Em uma troca pontual, a qualidade do produto pode ser o foco. No entanto, para que o cliente se sinta motivado a engajar-se em um relacionamento com a empresa, é preciso que esse relacionamento também tenha qualidade, ou seja, que os momentos da verdade tenham qualidade.[10]

Nesse contexto, fica clara a grande importância do envolvimento dos funcionários que trabalham em contato direto com o cliente, uma vez que eles são, em grande medida, responsáveis pela satisfação do cliente em cada contato com a empresa. E mais: esses funcionários também precisam ser capazes de entender, armazenar e disseminar todas as informações fornecidas pelo cliente em seus contatos com a empresa, de modo que elas possam ser integradas ao banco de dados e não se percam.

Mas não são apenas os funcionários que têm contato direto com o cliente que precisam ser envolvidos: toda a organização deve estar comprometida com o relacionamento. O marketing de relacionamento extrapola os limites da área de marketing e envolve toda a organização. A área de operações deve estar envolvida, uma vez que necessita captar, armazenar e disseminar as informações dos clientes, desenvolvendo soluções de acordo com as demandas expressas pelos clientes. A área de recursos humanos precisa estar envolvida para garantir a integração e o comprometimento de toda a organização. Assim, no mínimo as áreas de marketing, operações e recursos humanos devem estar alinhadas para que o marketing de relacionamento ocorra.[11]

Disso concluímos que o relacionamento é uma questão de administração e, portanto, precisa haver um processo por trás dele (manutenção, investimentos, melhoria, produção). A administração do relacionamento, como já observado, precisa ser institucionalizada e pensada em toda a organização, de maneira humanizada. Contudo, muitas vezes, essa integração é bastante difícil. Ocorre que cada departamento da empresa (marketing, vendas, produção) tem incentivos diferentes e individuais, sem uma visão global do relacionamento.[12] Para romper essa dificuldade, é preciso que se desenvolvam mecanismos de motivação e incentivo adequados.

Por fim, todos aqueles que usarão as informações dos clientes para alguma atividade, seja ela qual for, deverão estar familiarizados com a ferramenta de banco de dados utilizada e com a política de relacionamento da empresa. Isso significa que até mesmo os distribuidores e revendedores da organização precisarão estar alinhados com a política de relacionamento empregada.[13]

2.3 A implantação do marketing de relacionamento

Para que o trabalho de marketing de relacionamento se inicie, é preciso que seja desenvolvida uma estrutura capaz de gerenciar o relacionamento (foco do CRM) e que se consiga atrair as diferentes áreas e funcionários para essa nova filosofia de trabalho.

A primeira etapa, então, consiste em dar início ao processo de CRM, lembrando que o CRM não é apenas uma tecnologia – ele é uma forma de trabalho. A implantação de um sistema de CRM se baseia em dois pilares:

1. É um processo orientado para o cliente, que permeia toda a empresa.

2. Usa intensivamente a informação do cliente, apoiada pela informatização de marketing, vendas e serviços.[14]

É importante, portanto, que a empresa que pretende trabalhar com CRM saiba, em primeiro lugar, como coletar as informações de seus clientes. Qualquer contato do cliente com a empresa é uma fonte de informações e uma oportunidade de se iniciar um banco de dados, o qual pode dar origem a um trabalho de CRM.

Os passos para a implantação do CRM são:

1. Definir como os clientes serão tratados, quais eventos de relacionamento serão armazenados e o plano de comunicação para estimular os contatos dos clientes. Qualquer contato do cliente com a empresa é uma potencial fonte de informação. No entanto, muito provavelmente, alguns contatos e manifestações dos clientes serão mais ricos do que outros. Definir quais informações devem ser armazenadas e de que forma é essencial para a implantação adequada do CRM.

2. Redesenhar o atendimento ao cliente para adaptá-lo ao CRM. Todo processo de contato do cliente com a empresa precisa ser redesenhado para que as informações provenientes dele possam ser incorporadas ao CRM, bem como para que o contato possa ser pautado nas informações já existentes. Um exemplo bem claro disso é a central de *call center* de uma empresa. O processo de atendimento ao cliente precisa iniciar-se com algum tipo de identificação, para que o atendente possa buscar os dados do cliente antes de começar o atendimento. Se isso não é feito, não há como o atendimento se beneficiar das informações já coletadas sobre o cliente nem como inserir informações adicionais obtidas com o novo contato em seu cadastro.

3. Comprar uma solução de tecnologia.

4. Implantar o CRM de fato.[15]

Mas de nada adianta planejar e implantar uma solução adequada de CRM se os funcionários da empresa não estiverem motivados e treinados para trabalhar corretamente com ela. Como já dito, um dos principais desafios para a implantação do marketing de relacionamento é garantir que funcionários de diferentes áreas – com diferentes metas e diferentes pontos de vista – se engajem em um só trabalho de relacionamento com o cliente.

Como fazer para garantir isso? Por um lado, existe a necessidade de as pessoas estarem convencidas das vantagens que esse novo foco trará. Ou seja, é importante fazer com que o funcionário compreenda a relevância do relacionamento e concorde com ele. Essa mudança exige, muitas vezes, uma transformação cultural na organização, que precisa inculcar em cada colaborador sensibilidade em relação ao cliente.[16]

Além disso, o comprometimento pode ser conquistado por meio de treinamentos corretos e avaliações de desempenho adequadas. O treinamento dos funcionários deve focar a criação de consciência do processo como um todo, bem como dos objetivos e das justificativas da adoção do relacionamento. Assim, o funcionário é capaz de compreender as razões das mudanças em seu trabalho, podendo convencer-se da importância de tais mudanças e, o que é mais importante, adotá-las.

Já a avaliação de desempenho precisa ser modificada, de modo que deixe de estar atrelada a quesitos desvinculados do relacionamento, como tempo de atendimento (em centrais telefônicas) ou número de vendas (para vendedores). Se a empresa está buscando implantar o relacionamento com o cliente, ela não pode avaliar seus funcionários apenas por fatores desvinculados do relacionamento. Ao contrário, devem ser desenvolvidos indicadores de resultados que apontem para a qualidade do relacionamento criado, como satisfação do cliente ou inclusão adequada de informações no banco de dados. Também é interessante que a remuneração esteja, em alguma medida, vinculada aos resultados de relacionamento alcançados. Para isso, é preciso que se tenham meios de avaliar e medir os resultados de marketing de relacionamento. Só desse modo, o funcionário poderá ser avaliado e remunerado em função de relacionamento. A avaliação de resultados das ações de marketing de relacionamento é discutida no Capítulo 6, "Avaliação do resultado".

Por fim, uma questão bastante importante para o êxito da adoção do marketing de relacionamento por todos os funcionários da empresa é a atenção direta e a intervenção da alta diretoria da empresa. Isso porque as mudanças de procedimentos e de cultura para a adoção do marketing de relacionamento são muito grandes.[17]

Questões

1. Imagine um pequeno negócio, como um salão de beleza ou uma oficina mecânica. Quais pontos de contato da empresa com o cliente deveriam ser mapeados para a formação de um banco de dados? Quais informações deveriam ser coletadas em cada um dos contatos?

2. Como as informações coletadas na Questão 1 poderiam auxiliar a tomada de decisão da pequena empresa?

3. O texto aponta na página 34 o exemplo de uma empresa em que a atividade de gestão do relacionamento com o cliente ainda não está integralmente adaptada. O texto mostra que essa empresa trabalha com grande competência sua atividade de CRM analítico, mas ainda vivencia dificuldades com relação ao CRM operacional. De acordo com aquilo que é apresentado no exemplo, o que caracteriza o CRM analítico? E o CRM operacional?

4. Para a implantação do foco no relacionamento, é preciso envolver os funcionários e convencê-los da importância dessa mudança de filosofia. Para isso, uma das ações que podem ser tomadas consiste em mudar os indicadores de desempenho dos funcionários. Faça uma lista dos indicadores de desempenho mais adequados ao marketing de relacionamento.

5. Por que o envolvimento da alta diretoria da empresa é importante para o sucesso da implantação do CRM?

Referências bibliográficas

1. VAVRA, Terry G. *Marketing de relacionamento*: aftermarketing. São Paulo: Atlas, 1993.
2. PEPPERS, Don; ROGERS, Martha. *Marketing 1to1*. 2. ed. São Paulo: Makron Books, 2001.
3. BRETZKE, Miriam. *Marketing de relacionamento e competição em tempo real com CRM*. São Paulo: Atlas, 2000.
4. PEPPERS; ROGERS, op. cit. BRETZKE, op. cit.
5. BRETZKE, op. cit.
6. Ibid.
7. VAVRA, op. cit.
8. PEPPERS, Don; ROGERS, Martha. *Retorno sobre clientes*: um modo revolucionário de medir e fortalecer o seu negócio. Rio de Janeiro: Elsevier, 2005.
9. BITNER, Mary Jo. Building service relationships: It's all about promises. *Journal of the Academy of Marketing Science*, Miami, v. 23, n. 4, p. 246-251, outono 1995.
10. GRÖNROOS, Christian. *Marketing*: gerenciamento e serviços. Rio de Janeiro: Campus, 1995.
11. Ibid.
12. LEVITT, Theodore. *Imaginação de marketing*. 2. ed. São Paulo: Atlas, 1991.
13. Id., *Retorno sobre clientes*.
14. BRETZKE, op. cit.
15. Ibid.
16. Id., *Retorno sobre clientes*. VAVRA, op. cit. GORDON, Ian H. *Relationship marketing:* new strategies, techniques and technologies to win the customer you want and keep them forever. Toronto: John Wiley & Sons Canada, 1998.
17. VAVRA, op. cit. Id., *Retorno sobre clientes*. GORDON, op. cit.

CAPÍTULO 03

Identificação dos clientes de maior valor

Para que empresa e clientes possam obter valor em seu relacionamento, é preciso que a empresa não apenas seja capaz de tratar seus clientes de forma diferenciada, atendendo as suas expectativas, mas também que consiga selecionar seus clientes e optar por trabalhar com aqueles que tenham maior potencial e sejam mais rentáveis em longo prazo.[1]

Esse entendimento de que apenas alguns clientes, de fato, justificavam tratamento especial e, consequentemente, investimentos da empresa é recente. Nos anos 1980, houve uma grande tendência de as estratégias empresariais focarem o atendimento superior aos clientes, mas não apenas a alguns, e sim a todos, sem distinção. Essa estratégia teve sucesso em empresas que atendiam clientes que geravam grande lucratividade. No entanto, no momento em que a maior parte das organizações a adotou, suas deficiências começaram a ficar explícitas.[2]

Existem clientes muito lucrativos, assim como os pouco lucrativos. A empresa precisa saber identificar em qual desses grupos os clientes se encaixam, oferecendo tratamento superior àqueles muito lucrativos e tratamento básico àqueles pouco (ou nada) lucrativos. Em outras palavras, é preciso que haja correlação entre lucratividade e qualidade de atendimento.

Ao analisar a carteira de clientes de uma empresa pela óptica do valor (ou da lucratividade de cada cliente), haverá necessariamente variações. Existem clientes que consomem mais e, portanto, trazem maiores receitas. Existem clientes que demandam mais serviços da empresa e, por isso, geram mais custos para serem atendidos. Existem ainda clientes que podem fazer comunicação positiva da marca ou agregar grande valor com contribuições para a melhoria do produto. Alguns autores, como Vavra,[3] Rust, Zeithaml e Lemon,[4] defendem a Lei do 80/20, segundo a qual 20% dos clientes, em média, são responsáveis por 80% das vendas da empresa. Seja como for, o fato é que os clientes são diferentes e, assim, devem ser tratados de formas diferentes.

No caso das empresas que se engajam no marketing de relacionamento, mesmo quando elas consideram como objetivos a geração de fidelidade e a retenção de clientes, tais aspectos não podem ser estendidos para todos os clientes. Muitas empresas já identificaram que um terço de seus clientes não será lucrativo em longo prazo.[5] Então, por que investir tempo e dinheiro para tentar prolongar uma relação não lucrativa? Em alguns casos, o consumo gerado pelo cliente não é suficiente nem para cobrir os custos fixos de atendê-lo.

Considerando que uma função de marketing é criar valor para a empresa como um todo ou aumentá-lo, é importante que se saiba identificar quais clientes são capazes de gerar retornos superiores aos investimentos em relacionamento antes de dar início a esses investimentos. Empresas que investem na retenção de clientes não lucrativos, ao contrário do que se espera que façam, estão destruindo seu valor em longo prazo.[6]

Assim, a empresa deve escolher os clientes com quem pretende trabalhar com base na rentabilidade, na importância e na vontade deles. Ou seja, devem ser selecionados como alvos de ações de marketing de relacionamento somente aqueles clientes que atendam aos seguintes pontos:

- Gerem maior rentabilidade.
- Tenham maior importância para a empresa – por serem grandes clientes estrategicamente necessários, terem potencial de comunicação boca a boca positiva ou darem contribuições para o desenvolvimento do produto.
- Mostrem interesse em participar de ações de relacionamento – existem clientes que valorizam apenas preço e, portanto, não justificam esforços para melhorias de atendimento e relacionamento (como essas melhorias oneram a produção e aumentam o preço, elas não devem ser desenvolvidas caso a base de clientes da empresa valorize apenas preço).[7]

Isso, no entanto, não significa que as empresas devam trabalhar apenas com aqueles clientes que são lucrativos hoje. Alguns clientes podem realizar transações lucrativas no momento, mas não ter potencial lucrativo em relações de longo prazo. Por outro lado, muitos clientes podem não ser lucrativos para o desenrolar de um relacionamento, mas o ser em negociações pontuais. Portanto, as empresas devem identificar quais clientes são mais lucrativos ao longo de toda a relação com elas, focando suas ações de marketing de relacionamento neles. O valor do cliente ao longo de sua vida de relações com a empresa é chamado de *valor vitalício do cliente*.[8]

3.1 Valor vitalício do cliente

O valor vitalício do cliente (CLV – *customer lifetime value*) é o total dos valores de consumo do cliente ao longo de sua vida em determinada empresa. O valor de um cliente não é simplesmente o que ele compra em uma transação, mas sim o fluxo líquido descontado de todas as suas compras ao longo de sua vida útil de consumo naquela empresa.[9] De forma simplificada, o valor vitalício de um cliente que é assinante de uma revista de atualidades é: a soma de todos os pagamentos que esse cliente faz pela assinatura dessa revista, bem como de outras revistas que venha a assinar da mesma editora, até o dia em que cancelar o serviço, menos os custos de atendê-lo (pagamentos do cliente para a empresa – custo de seu atendimento).

Portanto, para estimar o valor vitalício do cliente, deve-se levar em consideração as receitas e os custos prováveis dele ao longo de todo o seu relacionamento com a empresa. Para tanto, é preciso considerar o tempo previsto de relacionamento com esse cliente em dias, meses ou anos. É preciso considerar também as receitas geradas por esse cliente e os custos de atendê-lo (como custos de marketing e de personalização de produtos).[10] Mas como prever o valor futuro? Essa é a grande dificuldade no trabalho com o valor vitalício do cliente.[11]

Para desenvolver o marketing de relacionamento baseado no valor vitalício do cliente, a capacidade de fazer estimativas acertadas de valores futuros é um pressuposto. Mas ainda existe pouca evidência empírica de que esse tipo de previsão possa, de fato, ser feito. Um estudo realizado por Malthouse e Blattberg[12] aponta que é, sim, possível calcular a probabilidade de comportamentos futuros dos clientes com base em seu comportamento passado e nos gastos de marketing da empresa.

Seja como for, para trabalhar com valor vitalício do cliente, é necessário que se tenha métodos corretos de verificação do valor. Caso a empresa não seja capaz de calcular o valor vitalício do cliente de forma certa, os investimentos podem ser feitos nos clientes errados. Dois tipos de erros podem ocorrer ao se escolher com quais clientes trabalhar ações de marketing de relacionamento: o falso-positivo, em que um cliente médio é considerado um cliente de grande valor, e o falso-negativo, em que um cliente de grande valor é considerado um cliente médio. Em um erro do tipo *falso-positivo*, os investimentos feitos no cliente serão perdidos. Já em um erro do tipo *falso-negativo*, as perdas poderão ser ainda maiores, pois todo o retorno que o cliente geraria não será aproveitado.[13]

Uma vez definidos os clientes de maior valor, a empresa deve focar seus esforços de relacionamento neles. Com isso, ela não apenas investe apenas nos clientes que trazem retorno suficiente para justificar o investimento, como também amplia o valor vitalício da base de clientes, gerando maior valor para si. O valor do cliente pode ser ampliado pela expansão de seu tempo de relacionamento com a empresa ou pelo aumento de sua lucratividade – entendendo-se aqui lucratividade como a diferença entre os benefícios trazidos pelo cliente (sejam eles financeiros ou subjetivos) e os custos em atendê-los. É preciso identificar qual dessas duas abordagens pode ser trabalhada com cada cliente e tratá-los de acordo com suas características individuais.[14]

Rust, Zeithaml e Lemon[15] apresentam a pirâmide de clientes como uma ferramenta para trabalhá-los e aumentar seu valor. De acordo com os autores, os clientes podem ser agrupados em uma pirâmide. No topo da pirâmide, ficam aqueles que geram maiores retornos para a empresa; nos níveis mais baixos, estão os que trazem, sucessivamente, menores retornos. É possível identificar perfis nas camadas de clientes e, assim, compreender as expectativas comuns em cada camada – dessa maneira, pode-se nortear as ações visando trazer os clientes das camadas mais baixas para as mais altas. É possível também identificar padrões de perfil nos clientes de maior valor – e, então, verificar entre os clientes das camadas mais baixas aqueles que têm o mesmo perfil e, por isso, maior probabilidade de se tornarem clientes de maior valor. Com isso, a empresa pode apoderar-se do potencial valor de sua base de clientes.

Para ampliar o valor vitalício da base de clientes, as empresas devem saber identificar não apenas os clientes de maior valor, mas também os de maior potencial, buscando transformá-los em clientes de maior valor. Além do valor futuro que se espera de um cliente, existe um valor adicional que pode ser conquistado caso a estratégia certa seja adotada e o produto correto seja oferecido de forma correta. Esse valor extra é o *valor potencial do cliente*.[16]

Ocorre que, se calcular o valor vitalício do cliente já é uma tarefa árdua, prever seu potencial é ainda mais difícil, pois envolve não apenas antecipar o comportamento futuro do cliente, mas também as opções de que ele dispõe para esse comportamento. Mas é possível, sim, estimar o potencial do cliente. Para isso, as empresas podem comparar o valor vitalício de clientes semelhantes e verificar a amplitude de variação dos valores dos clientes. A princípio, pode-se imaginar que os clientes que apresentam as mesmas características têm valores vitalícios semelhantes. Assim, clientes com menor valor vitalício, mas com características semelhantes às dos clientes com maior valor vitalício, são os de maior potencial.

Por exemplo, os bancos costumam conceder uma série de benefícios para correntistas universitários, os quais, em sua maioria, não são os clientes que geram maior retorno para os bancos. Por que, então, as instituições financeiras entregam tantos benefícios para os correntistas universitários? Isso ocorre porque, por mais que as transações atuais dos universitários com seus bancos não indiquem grandes retornos, esses clientes têm grande potencial. Os bancos perceberam que os clientes universitários do passado são hoje clientes de grande valor. Ou seja, esses jovens têm uma característica em comum com muitos dos atuais clientes de maior valor do banco: estão cursando uma faculdade. Assim, o banco espera que, em muitos casos, os clientes universitários de hoje sigam a tendência dos do passado e se tornem, no futuro, clientes de grande valor. Em outras palavras, os correntistas universitários são vistos como clientes de grande potencial.

Entender o potencial dos clientes auxilia a empresa a focar seus esforços na manutenção de sua participação nos clientes que já estão com todo o potencial aproveitado e no aumento de sua participação nos clientes de maior potencial. Portanto, entender quais são os clientes de maior valor para a empresa é essencial para o planejamento de ações de marketing de relacionamento. Afinal, são apenas os clientes de maior valor – e todos os clientes de maior valor – que devem ser foco desse tipo de ação. Ao mesmo tempo, acompanhar a evolução do valor vitalício dos clientes é uma das formas mais importantes de avaliar os resultados de ações de marketing de relacionamento.

Enfim, definir quais são os clientes de maior valor vitalício e identificá-los é uma atividade importante para a aplicação do marketing de relacionamento. Contudo, uma série de outras atividades precisa ser desenvolvida para que as ações possam ser, de fato, postas em prática.

3.2 Cálculo do valor vitalício do cliente

Para o cálculo do valor vitalício do cliente, é preciso identificar se os benefícios financeiros serão maiores que os custos de uma ação de relacionamento. A empresa deve realizar uma análise de investimento e retorno para cada cliente, a qual deve incluir os gastos com comunicação e com relacionamento, bem como os retornos que o cliente gera ao longo de sua relação com a empresa. Assim, o primeiro passo para a avaliação do valor vitalício do cliente é a definição operacional do que é, efetivamente, esse valor. Ou seja, é preciso que fiquem claros quais os benefícios e os custos que devem ser alocados a cada cliente para definir seu valor.[17]

A dificuldade de mensurar o valor vitalício do cliente é inegável. Em uma abordagem simples, o valor do cliente pode ser considerado a receita total que ele trará para a empresa. Desse modo, ele pode ser estimado pela multiplicação dos gastos médios do cliente por seus prováveis anos de relacionamento com a empresa.[18] Essa visão vê como benefícios apenas as receitas financeiras, ignorando os custos. Isso pode levar a sérios problemas, pois as diferentes margens dos diferentes produtos podem gerar erro na análise dos clientes.

Quanto aos custos, existem duas formas de considerá-los no valor vitalício do cliente: (1) pode-se considerar todos os custos, calculando a lucratividade de cada cliente, ou (2) pode-se considerar apenas os custos variáveis, calculando a contribuição de cada cliente. Como é bastante difícil conhecer os custos de cada transação e alocar custos fixos, pode ser mais simples e eficiente considerar apenas os custos variáveis e trabalhar com a contribuição de cada cliente.[19]

Independentemente de o valor vitalício do cliente estar baseado em lucratividade ou em contribuição, a alocação de custos para cada cliente é bastante complexa. A distribuição justa de custos fixos pode ser considerada o grande desafio, mas a alocação de custos variáveis também não é simples. Custos indiretos – como o de marketing e vendas, por exemplo – normalmente são alocados a toda a base de clientes de forma proporcional ao total de suas compras. Esse tipo de abordagem, porém, considera que todos os clientes demandam custos iguais para serem atendidos, o que não é verdade. Alguns clientes exigem uma boa quantidade de informações e muita atenção, enquanto outros realizam suas compras sem necessitar de apoio dos funcionários. Assim, caso os custos indiretos sejam alocados de forma igual para toda a base de clientes, erros no cálculo do valor vitalício do cliente poderão ser cometidos. E, quanto maior o volume de custos indiretos, maior a probabilidade de erro.[20]

Além disso, como já assinalamos, para definir operacionalmente o que a empresa considera valor vitalício do cliente, não basta determinar quais custos serão alocados e como eles serão alocados: é preciso também determinar que outros benefícios, além dos financeiros, serão contabilizados. De fato, o valor vitalício do cliente pode considerar retornos subjetivos, como a comunicação positiva que o cliente pode fazer, o aprendizado que a empresa pode ter com ele e as possíveis gerações de ideias e adaptações de produtos que o relacionamento pode originar.[21] Caso esses retornos sejam ignorados, clientes capazes de gerar grandes ganhos por meio da comunicação boca a boca, por exemplo, podem não ser trabalhados adequadamente – e essa omissão pode trazer grandes perdas futuras para a empresa.

A avaliação dos retornos subjetivos de cada cliente pode ser de operacionalização bastante complexa, o que significa que a avaliação da rentabilidade do cliente e de seu valor vitalício não é nada fácil. Poucas empresas realmente medem o retorno sobre seus clientes e o valor vitalício deles, embora esse tipo de análise seja apontado como essencial para a avaliação de marketing de relacionamento.[22]

No entanto, apesar da evidente dificuldade, existem empresas nacionais que já trabalham há alguns anos com o cálculo do valor vitalício do cliente. Uma empresa emissora de cartões de crédito, por exemplo, avalia os custos e as receitas por ação desenvolvida e por cliente de sua base. São considerados *custos* todos aqueles de operação de determinada ação, como: atendimento, canal de envio de malas diretas, funcionário envolvido no caso de uma ligação telefônica e desenvolvimento de um *site* na Internet. Além desses custos de operação, são considerados custos indiretos: custos fixos e custo de capital de investimento no relacionamento com o cliente. No caso das *receitas*, são consideradas as compras de cada cliente e a previsão de compras futuras. Desse modo, uma ação com um determinado cliente hoje pode ter seu resultado alcançado apenas no longo prazo, e esse resultado pode ser medido pela empresa.

Nessa empresa, como já observado, todos os custos e receitas são alocados por cliente. Os custos indiretos também o são, mesmo que para isso precise ser feita alguma espécie de rateio. Na verdade, já estão definidas as formas e os critérios para a realização do rateio. Assim, consegue-se chegar à rentabilidade e ao lucro líquido por cliente. A análise por cliente, em vez de por segmento ou grupo de clientes, permite uma segmentação mais clara da base de clientes, bem como uma visualização melhor de quais são os clientes mais e menos lucrativos em longo prazo. Além disso, ela faz com que fique mais fácil perceber se as receitas são realmente provenientes das ações desenvolvidas ou se são resultado de outras ações ou de outros fatores externos.

Você pode estar se perguntando: como uma empresa consegue prever o retorno futuro de um cliente? Como prever quanto um cliente irá gastar e comprar ao longo de seu relacionamento com a empresa? Para ajudar a fazer esse tipo de previsão, diversos autores e pesquisadores de marketing desenvolveram modelos de previsão de valor vitalício do cliente. Todas as técnicas de mensuração desse valor se fundamentam na evolução de modelos capazes de prever comportamentos futuros com base em comportamentos presentes e passados. Ou seja, os pesquisadores buscam identificar comportamentos atuais do cliente que possam indicar qual a probabilidade de ele ter um dado comportamento futuro. Por exemplo, existem modelos que consideram que, para prever quanto um cliente tende a gastar com a empresa no futuro, deve-se observar o valor de suas compras passadas, quantas vezes ele costuma comprar por período (por exemplo, quantas vezes compra por ano) e qual a última vez que comprou.[23]

Portanto, de forma geral, todos os modelos de valor vitalício do cliente partem do mesmo desenho ou da mesma configuração central. O que eles buscam é a representação do valor presente de todos os futuros fluxos de caixa atribuídos às transações de determinado cliente. Assim, de modo genérico, todos os modelos seguem o padrão: receitas geradas pelo cliente – custos, trazidos a valor presente por uma dada taxa de desconto (em geral, a mesma aplicada aos investimentos financeiros da empresa). Jain e Singh[24] apresentam o seguinte modelo geral de valor vitalício do cliente:

$$\text{Valor vitalício do cliente} = \sum_{i=1}^{n} \frac{(R_i - C_i)}{(1 + d)^{i-0,5}}$$

onde:

R_i = receitas trazidas pelo cliente no período i.
C_i = custos incorridos no período i para atender o cliente.
d = taxa de desconto do dinheiro no tempo.
n = número total de períodos em que o valor vitalício do cliente será projetado.

Diferentes autores podem apresentar pequenas diferenças na construção do modelo geral de valor vitalício do cliente, no entanto, o conceito geral se mantém. Na verdade, diferentes autores trabalham diferentes abordagens na modelagem do valor vitalício do cliente, focando-se em aspectos específicos e buscando solucionar diferentes pontos. Dessa forma, diversos são os modelos de valor vitalício do cliente que, apesar de baseados no mesmo princípio básico, apresentam características, *inputs* e objetivos diferentes.

Foge do escopo deste livro discutir a fundo todos os modelos de cálculo do valor vitalício do cliente. Serão apresentados aqui dois modelos básicos: o de Gupta e Lehmann e o de Peppers e Rogers. Para aprofundamento sobre o tema, sugere-se a leitura do artigo de Jain e Singh,[25] que traz um resumo dos principais modelos.

Gupta e Lehmann[26] apresentam uma forma matemática simples para calcular o valor vitalício do cliente. Segundo os autores, essa fórmula pode ser incapaz de gerar resultados precisos, mas traz uma aproximação coerente e é de fácil operacionalização. Os autores mencionam ainda que é muito difícil conseguir desenvolver um cálculo preciso do valor vitalício do cliente, pois, independentemente da fórmula utilizada, a definição das variáveis que compõem o cálculo é, muitas vezes, imprecisa (a discussão da alocação de custos por clientes, apresentada anteriormente neste capítulo, é um exemplo disso).

Uma vez que a definição das variáveis que compõem o valor vitalício do cliente é por natureza imprecisa, uma fórmula capaz de trazer um resultado aproximado confiável é, segundo os autores, bastante válida, mais até do que a tentativa de se obter resultados exatos. Segundo Gupta e Lehmann:[27]

> [...] mesmo com informações detalhadas e planejamento sofisticado, temos estimativas imprecisas e aproximadas de CLV. Entretanto, a imprecisão de uma métrica não pode nos impedir de encontrar-lhe significativos usos de gerenciamento. (...) melhor ser confusamente certo que precisamente errado.

Autores[28] definem valor vitalício do cliente como "o valor presente de todos os lucros atuais e futuros gerados pelo cliente, ao longo de sua vida de negócios com a empresa". Para quantificar esse valor, Gupta e Lehmann propõem uma fórmula capaz de calcular o valor vitalício do cliente por meio de um múltiplo aplicado à rentabilidade por cliente. Para calcular o múltiplo, no entanto, eles partem de alguns pressupostos: as margens de lucro permanecem constantes durante o tempo de relacionamento do cliente com a empresa, a taxa de retenção de clientes também permanece constante e o valor vitalício do cliente é calculado em um horizonte infinito.

Percebe-se, por esses pressupostos, que Gupta e Lehmann não consideram que os clientes fiéis sejam mais lucrativos que os novos, como é apontado por diferentes autores.[29] Para eles, ainda não existem estudos conclusivos a respeito da maior lucratividade dos clientes fiéis, por isso consideram a lucratividade do cliente constante ao longo do relacionamento com a empresa. Os autores destacam ainda que variações de lucratividade ao longo da vida do cliente, assim como variações da taxa de retenção de clientes, não trazem modificações grandes no resultado do cálculo e, em consequência, podem ser desprezadas.

Considerando-se tais pressupostos, três informações são necessárias para o cálculo do valor vitalício do cliente: (1) o padrão de lucro dos clientes, (2) sua taxa de abandono e (3) a taxa de desconto aplicada, que é função do custo de capital da empresa e depende do risco de cada negócio. O padrão de lucro e a taxa de retenção podem ser calculados por grupos de clientes ou por toda a base, dependendo do resultado que se queira alcançar. Assim, é apresentada por Gupta e Lehmann[30] a seguinte fórmula para o cálculo do valor vitalício do cliente:

$$\text{Valor vitalício do cliente} = m\,(r/1 + i - r)$$

onde:

m = margem de lucro do cliente por período (por exemplo, um ano).

r = taxa de retenção (em percentual).

i = taxa de desconto (também em percentual).

Desse modo, $(r/1 + i - r)$ representa um múltiplo aplicado, por período, sobre a rentabilidade do cliente.

É preciso, porém, lembrar que métodos estatísticos de cálculo do valor vitalício do cliente podem ser passíveis de erros. Qualquer tipo de modelo estatístico está suscetível a ruídos e falhas. Para o cálculo do valor de grupos grandes de clientes, os erros podem ser pouco representativos, mas, à medida que a medição se aproxima de um cliente individual, a utilização de modelos estatísticos começa a se tornar mais problemática. No caso de um único cliente, a avaliação pessoal daqueles que têm contato direto com ele, desde que embasada em critérios predefinidos, pode mostrar-se muito eficaz para o cálculo de seu valor vitalício.[31]

Seja como for, a melhor forma de melhorar o processo de cálculo do valor vitalício do cliente é tentando. Sempre que realiza esforços de medição do valor de seus clientes, a empresa adquire mais conhecimento sobre os fatores que têm maior ou menor influência na variação desse valor e sobre a forma como ocorre essa influência. Isso significa que o método de avaliação da variável se aperfeiçoa à medida que vai sendo trabalhado.[32]

Além do modelo de Gupta e Lehmann, merece destaque o de Peppers e Rogers.[33] Esses autores apresentam a técnica ROC (*return on customer* – retorno sobre o cliente) para trabalhar a avaliação do valor vitalício do cliente. De acordo com eles, o que deve nortear as decisões de investimento e ser foco da avaliação de resultado não é o valor vitalício do cliente em si, mas sim a sua variação. Nesse contexto, o valor vitalício do cliente poderia ser entendido como um valor já conquistado pela empresa, mas ainda não convertido, ao passo que a variação do valor vitalício é que seria, de fato, o resultado da ação de relacionamento desenvolvida. O ROC quantifica essa variação, ou seja, o valor agregado ou retirado.

A fórmula de cálculo do ROC é apresentada por Peppers e Rogers[34] como igual ao fluxo de caixa corrente gerado por cliente, mais qualquer variação no ativo subjacente de clientes – e tudo isso dividido pelo ativo total de clientes no começo do período, sendo o ativo de clientes o somatório de todos os valores vitalícios dos clientes da empresa. A fórmula pode ser explicitada da seguinte maneira:

$$ROC = \frac{\text{Fluxo de caixa gerado por cliente por período} + \text{Variação do ativo de clientes no período}}{\text{Ativo de clientes no início do período}}$$

Quando o valor do ROC é negativo, geralmente a empresa está gastando ativos de clientes mais rapidamente do que gerando. Ou seja, a empresa está gerando fluxo de caixa, fazendo com que seus clientes convertam com mais rapidez seus valores vitalícios em compras efetivas. Outra possível explicação para o valor negativo é que os investimentos realizados pela empresa não estão gerando retornos suficientes. Nesse caso, as ações de relacionamento desenvolvidas precisam ser revistas.

Porém, mais importante que o cálculo do ROC em si é a percepção de que o valor vitalício do cliente calculado como um valor estanque pouco contribui para a avaliação de resultados das ações de marketing de relacionamento. O que reflete, de fato, o êxito ou o fracasso das ações é a variação do valor vitalício da base de clientes.

Questões

1. Qual a diferença entre valor vitalício do cliente e valor potencial do cliente?

2. Discuta por que ações de marketing de relacionamento não devem ser aplicadas indiscriminadamente para todos os clientes.

3. Por que, para o cálculo do valor vitalício do cliente, a alocação de custos indiretos é mais complexa que a de custos diretos?

4. Alguns benefícios não financeiros que o cliente pode gerar para a empresa talvez façam parte do cálculo de seu valor vitalício. Assim, eventualmente, clientes que não realizam compras de grandes valores ou com muita frequência também podem ser considerados clientes de grande valor. Aponte benefícios não financeiros que poderiam compor a avaliação de valor vitalício de um cliente.

5. Justifique a escolha dos benefícios não financeiros listados por você na questão anterior.

Referências bibliográficas

1. CRESCITELLI, Edson. *Marketing de relacionamento*: um estudo sobre as relações entre varejistas e fabricantes de eletrodomésticos. São Paulo, 2003. Tese (Doutorado em Administração) – Faculdade de Economia, Administração e Contabilidade, Universidade de São Paulo.
2. RUST, Roland T.; ZEITHAML, Valarie; LEMON, Katherine. N. *O valor do cliente*. Porto Alegre: Bookman, 2001.
3. VAVRA, Terry G. *Marketing de relacionamento*: aftermarketing. São Paulo: Atlas, 1993.
4. RUST; ZEITHAML; LEMON, op. cit.
5. SHETH, Jagdish N. The future of relationship marketing. *The Journal of Services Marketing*, Santa Bárbara, v. 16, n. 7, p. 590-592, 2002.
6. WARD, Keith; RYALS, Lynette. Latest thinking on attaching a financial value to marketing strategy: through brands to valuing relationships. *Journal of Targeting, Measurement & Analysis for Marketing*, Londres, v. 9, n. 4, p. 327-340, 2001.
7. GORDON, Ian H. *Relationship marketing*: new strategies, techniques and technologies to win the customer you want and feet them forever. Toronto: John Wiley & Sons Canada, 1998.
8. BERRY, Leonard. Relationship marketing of services: growing interest, emerging perspectives. *Journal of the Academy of Marketing Science*, Miami, v. 23, n. 4, p. 236-245, outono 1995.
9. RUST; ZEITHAML; LEMON, op. cit. PFEIFER, Phillip E.; HASKINS, Mark E.; CONROY, Robert M. Customer lifetime value, customer profitability, and the treatment of acquisition spending. *Journal of Managerial Issues*, Pittsburg, v. 17, n. 1, p. 11-25, 2005.
10. RYALS, Lynette J.; KNOX, Simon. Measuring risk-adjusted customer lifetime value and its impact on relationship marketing strategies and shareholder value. *European Journal of Marketing*, Bradford, v. 39, n. 5-6, p. 456-721, 2005.
11. ZEITHAML, Valarie. A.; BITNER, Mary J. *Marketing de serviços*: a empresa com foco no cliente. 2. ed. Porto Alegre: Bookman, 2003.
12. MALTHOUSE, Edward C.; BLATTBERG, Robert C. Can we predict customer lifetime value? *Journal of Interactive Marketing*, Hoboken, v. 19, n. 1, p. 2-16, 2005.
13. Ibid.
14. RYALS; KNOX, op. cit.
15. RUST; ZEITHAML; LEMON, op. cit.

16. PEPPERS, Don; ROGERS, Martha. *Retorno sobre clientes*: um modo revolucionário de medir e fortalecer o seu negócio. Rio de Janeiro: Elsevier, 2005.
17. GORDON, op. cit.
18. ZEITHAML; BITNER, op. cit.
19. RUST; ZEITHAML; LEMON, op. cit.
20. RYALS; KNOX, op. cit.
21. WARD; RYALS, op. cit. PEPPERS, Don; ROGERS, Martha. *Marketing 1to1*. 2. ed. São Paulo: Makron Books, 2001. ZEITHAML; BITNER, op. cit.
22. WARD; RYALS, op. cit.
23. PFEIFER; CARRAWAY, op. cit.
24. JAIN, Dipak; SINGH, Siddhartha S. Customer lifetime value research in marketing: A review and future directions. *Journal of Interactive Marketing*, Hoboken, v. 16, n. 2, p. 34, 38, 2002.
25. Ibid., p. 34.
26. GUPTA, Sunil; LEHMANN, Donald R. *Gerenciando clientes como investimentos*: o valor estratégico dos clientes a longo prazo. Porto Alegre: Bookman, 2006.
27. Ibid., p. 37.
28. Ibid., p. 28.
29. ZEITHAML; BITNER, op cit. GORDON, op. cit. VAVRA, op. cit.
30. GUPTA; LEHMANN, op. cit., p. 38.
31. PEPPERS; ROGERS, op. cit.
32. Ibid.
33. Ibid.
34. Ibid.

CAPÍTULO 04

Oferta de valor superior

Se a empresa já é capaz de identificar seus clientes de maior valor – e, portanto, de definir com quais deles pretende relacionar-se estreitamente – e se já consegue manter um diálogo contínuo com os clientes, auxiliada por um sistema de CRM adequado, então ela está capacitada para entregar algum tipo de valor superior.

Lembre-se: o foco do marketing de relacionamento é estreitar o relacionamento da empresa com seus clientes, a fim de ofertar algum tipo de valor superior capaz de fazer com que os clientes prefiram continuar comprando dela em vez de buscar algum concorrente (é a analogia da água que escapa pelo buraco no fundo do balde, apresentada no Capítulo 1).

Mas o que é valor? Na literatura de marketing, valor é comumente associado à percepção do cliente. É o chamado valor para o cliente ou valor percebido pelo cliente. Nesse contexto, *valor para o cliente* pode ser entendido como a percepção e a avaliação do cliente acerca da capacidade geral de um produto de satisfazer suas necessidades.[1] De forma complementar, *valor percebido pelo cliente* pode ser definido como a diferença entre os benefícios obtidos por um cliente por meio de um determinado produto e os sacrifícios feitos para sua obtenção. Quando os benefícios obtidos são maiores que os sacrifícios, ocorre a criação de valor para o cliente.[2]

No entanto, a avaliação do cliente se baseia em mais do que apenas especificações do produto. Além disso e do preço, ela faz com que seja necessário saber o que é considerado custo e o que é considerado benefício em uma relação de compra e uso pela óptica do cliente. Para ser capaz de oferecer maior valor ao cliente, é preciso ter muito claramente definidos os fatores que agregam valor ao produto.

Os possíveis benefícios entregues por um produto são divididos em: funcionais, sociais, pessoais e de experiências. Os *benefícios funcionais* são aqueles que são tangíveis e facilmente descritos. Os *benefícios sociais* são as respostas positivas que outras pessoas podem oferecer quando um indivíduo utiliza determinado produto. Os *benefícios pessoais* são os bons sentimentos que o produto pode trazer. E os *benefícios de experiências* dizem respeito ao prazer sensorial proporcionado pelo uso do produto.[3]

Por exemplo, quando compra um tênis novo, além do benefício funcional de calçar seus pés, você pode vivenciar outros tipos de benefícios, como o social de ser elogiado por seus amigos ou o pessoal de se sentir bem consigo mesmo por achar que fez uma boa compra e que, por isso, é um consumidor inteligente. Todos esses benefícios são considerados pelo cliente no momento da compra e do consumo de produtos (mesmo que ele não tenha total consciência de todos eles) e, portanto, influenciam no valor percebido.

Já os custos, dividem-se em: monetários, temporais, psicológicos e comportamentais. Os *custos monetários* são justamente o preço pago pelo produto e os gastos necessários para adquiri-lo, caso haja algum. Os *custos temporais* são referentes ao tempo necessário para pesquisar e comprar o produto – muitas vezes, os custos temporais são mais importantes que os custos monetários. Os *custos psicológicos* dizem respeito à energia mental e à tensão envolvidas na compra do produto – quanto maior a possibilidade de dissonância cognitiva,[*,4,5] maior será o custo psicológico. Por fim, os *custos comportamentais* se referem à energia física necessária para a compra do produto.[6]

Imagine agora que você esteja planejando comprar um carro novo. Além do custo monetário (o dinheiro que você vai, de fato, desembolsar para comprar o carro), outros custos estão envolvidos. Com certeza, você não entrará na primeira loja que encontrar à frente e comprará o primeiro carro que o vendedor indicar. Você fará pesquisas em diversas fontes, consultará amigos e colegas e reunirá uma série de informações antes de decidir a compra. Ademais, é possível que o modelo escolhido não esteja disponível para pronta-entrega e você tenha que aguardar algumas semanas por ele. Todo esse tempo dispendido na pesquisa e na espera do produto são custos em seu valor percebido (custos temporais). Outro ponto: certamente, você ficará preocupado, questionando se a decisão está ou não certa, se o carro vai ou não se desvalorizar no futuro, se o desempenho será ou não adequado a sua necessidade etc. Essa tensão vivenciada por você também é um tipo de custo (custo psicológico) e pode, inclusive, ser bastante significativo em alguns casos.

O valor percebido pode variar de acordo com o momento – antes da compra, durante o consumo ou após o consumo. Cada um desses momentos se refere a um julgamento diferente do cliente, bem como a diferentes envolvimentos dele com o produto. Ao mesmo tempo, o valor percebido também varia de acordo com o cliente. O que é importante para a criação de valor de determinado cliente pode não ser para a de outro. Para a entrega de valor superior ao cliente ocorrer de forma satisfatória, se faz necessário

---

[*] Dissonância cognitiva refere-se ao processo e ao resultado emocional da verificação da diferença entre o que se desejou e o que ocorreu depois de determinada ação (FESTINGER, 1957). Ela pode ser entendida em marketing, de forma ampla, como o arrependimento pós-compra (BLACKWELL; MINIARD; ENGEL, 2005, p. 85).

o entendimento do que é valor do ponto de vista do cliente. Além disso, as dimensões de valor não são inerentes aos produtos – ao contrário, elas são consequências do uso e da experiência do cliente. Isso tudo significa que o valor percebido deve variar de situação para situação, de cliente para cliente e de produto para produto.[7]

Desse modo, empresas que buscam trabalhar com o oferecimento de valor superior aos clientes precisam responder a algumas questões importantes: (1) o que os clientes valorizam?; (2) em quais pontos valorizados pelos clientes a empresa deve focar?; (3) qual a avaliação dos clientes sobre a entrega de valor da empresa?; (4) como aquilo que é valorizado pelos clientes irá mudar no futuro?[8] Identificando os custos e os benefícios para os clientes, as empresas conseguem reduzir os custos, aumentar os benefícios ou fazer ambas as coisas, entregando valor superior.

Para Porter,[9] existem duas formas básicas de entregar valor superior ao cliente e, com isso, gerar vantagem competitiva: criar produtos com benefícios semelhantes e custos inferiores ou entregar benefícios superiores que justifiquem um preço mais alto. Assim, duas estratégias genéricas (ou formas gerais de trabalho) são apontadas por Porter: liderança de custo e diferenciação. Empresas pautadas em *liderança de custo* têm como objetivo reduzir seus custos de operação, o que lhes possibilita oferecer produtos similares aos da concorrência por preços reduzidos. Empresas pautadas em *diferenciação* visam identificar possíveis benefícios que, se incorporados, tornam seus produtos mais atrativos para o cliente e, por conseguinte, possíveis de serem comercializados por preços mais altos.

Porter define a melhor estratégia com base na análise da concorrência e da cadeia em que a empresa está. Essa análise, denominada *análise da indústria*, atenta para estes cinco principais componentes do ambiente das empresas, as cinco forças de Porter: rivalidade entre concorrentes, poder de barganha dos fornecedores, ameaça de novos concorrentes (entrantes), ameaça de produtos substitutos e poder de barganha dos clientes. Por essa óptica, uma vez mapeado o ambiente externo, a empresa estará mais apta a desenvolver uma vantagem competitiva sustentável.

É importante observar que o modelo de Porter trabalha com uma visão externa. A vantagem competitiva é desenvolvida por meio da adequação à situação externa, e não do desenvolvimento de capacidades internas da organização. Além disso, ela é conquistada por intermédio da agregação de características ao produto (diferenciação) ou ao processo (liderança de custos). O cliente não constitui foco do desenvolvimento de valor e é entendido apenas como um referencial descrito por seu poder de barganha.

Outras visões posteriores de desenvolvimento de valor e vantagem competitiva parecem aproximar-se mais do pensamento de marketing. Dentre elas, destacam-se as disciplinas de valor apresentadas por Treacy e Wiersema.[10] De acordo com esses autores, o cliente não mais analisa o valor de uma oferta com base em relações de custos financeiros e benefícios do produto. Em vez disso, ele analisa uma série de outras variáveis – como facilidade de compra, serviços pós-compra e qualidade – para definir valor. Três diferentes formas de desenvolvimento de valor superior e vantagem competitiva são identificadas e denominadas disciplinas de valor: liderança de produto, excelência operacional e intimidade com o cliente.

A *liderança de produto* consiste na oferta de produtos superiores e inovadores. Empresas que buscam desenvolver vantagem por meio da liderança de produtos precisam sempre lançar produtos que sejam superiores aos últimos. Seus produtos precisam apresentar características, atributos que os tornem melhores que os demais oferecidos no mercado. A *excelência operacional*, por sua vez, consiste no oferecimento de produtos confiáveis por preços menores. Esses produtos também devem ser distribuídos de forma a tornar a compra o mais facilitada possível para o cliente, reduzindo custos de tempo. O objetivo perseguido por empresas que trabalham com essa disciplina de valor é preço e conveniência.

Até esse ponto, o modelo de Porter e o de Treacy e Wiersema são bastante similares. A estratégia genérica de diferenciação em muito se assemelha à disciplina de valor de liderança de produto. Ao mesmo tempo, a estratégia genérica de liderança de custo é bastante equivalente à disciplina de valor de excelência operacional. A terceira disciplina de valor apresentada por Treacy e Wiersema, no entanto, traz uma nova possibilidade de foco para a entrega de valor superior ao cliente e se mostra bastante próxima da filosofia de marketing e de mercado. Trata-se da disciplina de valor de *intimidade com o cliente*, conquistada pela segmentação precisa do mercado e da oferta de produtos adequados aos segmentos. Empresas que trabalham com essa disciplina combinam informações precisas sobre seus clientes e flexibilidade de processos, de modo que possam identificar as necessidades de seus clientes e responder a elas por meio da personalização rápida e eficaz dos produtos oferecidos. Tais empresas focam a fidelização de seus clientes e buscam o lucro por meio do histórico de transações do cliente ao longo do tempo.

O marketing de relacionamento é uma ferramenta que procura criar valor pela disciplina de intimidade com o cliente, tornando a oferta tão adequada que o cliente prefere manter-se fiel ao fornecedor – a empresa conhece tão profundamente o cliente que não vale a pena para ele buscar um novo fornecedor e ensinar-lhe suas necessidades. O cliente passa, então, a reduzir voluntariamente seu leque de opções de fornecedores. A adequação da oferta da empresa feita a partir da aprendizagem sobre as demandas dos clientes pode ser definida como *personalização em massa*.

4.1 Personalização em massa

A ação de marketing de relacionamento se caracteriza não apenas pelo foco em retenção do cliente, mas também pela personalização em massa.[11]

Níveis de personalização em massa podem ser estabelecidos. Oferecer um único produto padronizado a todo o mercado não constitui uma alternativa exequível dentro do conceito de marketing de relacionamento. Ao mesmo tempo, na maioria dos casos, também não é economicamente factível desenvolver um produto para cada cliente. O que se deve fazer é observar as características principais dos clientes e os valores comuns entre eles, bem como as características mutáveis e adaptáveis do produto. Alguns produtos podem ter processos complexos que praticamente impedem a personalização total, complicando a fabricação de produtos únicos (como no caso de carros). Mas, mesmo nessas situações, podem ser dadas opções para o cliente, de modo que ele consiga montar um exemplar personalizado, apesar de não ser único. Em serviços, isso é algo mais fácil de ser feito.[12]

Quanto às possibilidades de personalização, podem ser citadas três principais: produto principal, serviços de apoio e comunicação. As empresas podem combinar de diferentes formas a personalização e a padronização desses aspectos. Manter produtos padronizados e personalizar apenas a comunicação é a forma mais simples de personalização.[13] Por meio da comunicação de duas vias com os clientes, a empresa é capaz de acumular informações suficientes sobre eles para entender suas necessidades e prever suas mudanças de preferência, ajustando sua oferta a cada cliente e possibilitando a personalização.[14]

No entanto, para que o relacionamento crie valor para o cliente de maneira plena, é preciso que ele passe a fazer parte do processo produtivo da empresa. Ou seja, é preciso que a empresa seja capaz de receber as informações do cliente e responder a elas em forma de adaptações dos produtos – em outras palavras, ela necessita trabalhar a personalização em massa. Isso exige flexibilidade dos processos e, muitas vezes, uma mudança bastante profunda.[15] Talvez por isso a migração para o marketing de relacionamento não seja imediata, e sim contínua. Existem quatro diferentes níveis de ligação entre empresa e cliente, como mostra o Quadro 4.1.[16]

O primeiro nível de ligação possível entre empresa e cliente é o financeiro. Trata-se do oferecimento de preços mais baixos a clientes antigos. Apesar do foco em retenção, esse tipo de ligação não trabalha com o marketing de relacionamento em sua plenitude, pois não há adaptação da oferta da empresa nem relação de aprendizagem entre empresa e cliente. No entanto, hoje, grande parte das atividades consideradas de marketing de relacionamento em aplicação consiste em ações de nível 1.

Um exemplo dessas ações são alguns cartões de fidelidade, com os quais os clientes recebem bônus e/ou descontos à medida que realizam novas compras da mesma empresa. Existem discussões sobre a eficiência dos cartões de fidelidade em gerar, de fato, fidelidade. Esse tipo de ação se baseia no oferecimento de vantagens a clientes que realizam compras frequentes de determinada empresa, ou seja, trabalha com ligações de nível 1. Questiona-se, contudo, se ele torna o cliente fiel à marca ou é apenas uma ação promocional. Esse tipo de oferecimento de desconto não parece ser adequado à criação de relações de fidelidade de longo prazo. Por isso, é questionável se ações dessa natureza podem ser consideradas ações de marketing de relacionamento.[17]

Ações de nível 2 (laços sociais) buscam adaptação da oferta às necessidades de segmentos de clientes. Dessa forma, esse tipo de laço entre empresa e cliente se torna mais sólido, e mais próximo do que se pode considerar uma ação de marketing de relacionamento. O foco, no entanto, ainda está em grupos de clientes, ou seja, em segmentos. Ligações de níveis 3 e 4, entretanto, focam no cliente individual. É inegável que ações que promovem esses tipos de ligação (como a personalização em massa) são capazes de gerar laços muito mais sustentáveis com o cliente e, portanto, trazer resultados muito mais representativos para a empresa.

QUADRO 4.1: Níveis de ligação entre empresa e cliente.

	Nível 1	Nível 2	Nível 3	Nível 4
Tipo de ligação	Laços financeiros	Laços sociais	Laços de personalização	Laços estruturais
Como se dá a ligação do cliente com a empresa	O cliente é ligado à empresa por incentivos financeiros, como descontos ou preços mais baixos para clientes antigos. Os programas de milhagem das companhias aéreas são considerados um exemplo de prática desse tipo de relacionamento.	Os produtos/serviços são desenvolvidos para ajustar-se às necessidades dos segmentos de clientes, enquanto os profissionais de marketing da empresa buscam manter contato com o cliente e criar um vínculo social com ele.	Busca a fidelização com base no entendimento íntimo das necessidades de cada cliente e no desenvolvimento de soluções específicas e individualizadas. Trata-se da personalização em massa.	Engloba os demais níveis e ocorre quando os produtos/serviços são desenvolvidos como parte integrante da produção do cliente. Adapta-se aos casos em que o cliente é também uma empresa (ou seja, quando se trata da venda de uma empresa para outra).
Longevidade da ligação	Esse tipo de ligação não traz vantagem no longo prazo, uma vez que estabelece uma relação frágil e pode ser copiado facilmente.	Aqui, os laços são mais sólidos e a imitação pelos concorrentes é mais difícil.	Os laços são aqui ainda mais sólidos e duradouros. A cópia é bastante dificultada.	É uma ligação de grande longevidade. A troca de fornecedor ou a cópia são bastante dificultadas.

Fonte: adaptado de Zeithaml e Bitner.[18]

4.2 Fidelização do cliente

Ao se deixar engajar em um relacionamento com uma empresa específica, o cliente está reduzindo, voluntariamente, sua gama de opções de compra. Que motivos podem levar o cliente a optar por isso?

Em grande medida, os clientes tendem a reduzir suas opções de compra para facilitar o processo de decisão e minimizar as possibilidades de arrependimento e erro de escolha. Ao mesmo tempo, a sociedade, por meio de suas instituições, normas e grupos de referência, estimula essa atitude de redução.[19]

Além disso, diversas vezes, muito mais do que os atributos centrais do bem ou serviço comprado, são os benefícios do relacionamento para o cliente os responsáveis por fazer com que ele se mantenha fiel a uma empresa. É possível destacar três tipos de benefícios do relacionamento para o cliente:[20]

1. *Benefícios de confiança.* Esses benefícios decorrem do conhecimento que o fornecedor tem do cliente e o cliente tem do fornecedor. Em relacionamentos duradouros, o cliente sabe o que esperar do fornecedor, o qual, por sua vez, conhece o cliente a ponto de saber a melhor forma de servi-lo. Pesquisas[21] apontam esse tipo de benefício como considerado o mais importante na compra de serviços. Ter um relacionamento estável com o fornecedor diminui os riscos do comprador. Isso é especialmente relevante em compras que envolvem alto investimento ou compras complexas. Além disso, uma vez que o fornecedor já conhece as necessidades do cliente e já está adaptado a elas, o comprador não precisa mudar de fornecedor, não precisa pesquisar novamente e, portanto, tem seus custos de tempo reduzidos.

2. *Benefícios sociais.* Trata-se do envolvimento pessoal que se estabelece entre fornecedor e comprador por meio de um rela-

cionamento longo. São mais adaptados a compras industriais e a serviços.

3. *Benefícios de tratamento especial.* Ocorrem quando o cliente recebe algum tratamento diferenciado por ser um comprador antigo da empresa.

Os benefícios que o marketing de relacionamento traz para os clientes são fontes do aumento de valor percebido e, em consequência, fontes de valor para a empresa. E é apenas por meio do oferecimento de valor superior que as ações de marketing de relacionamento serão capazes de tornar os clientes fiéis.[22]

Por tudo o que já foi visto, fica evidente que a fidelização dos clientes é um dos objetivos principais do marketing de relacionamento. É importante, portanto, entender o que leva um cliente a se tornar fiel, bem como identificar a fidelidade de um cliente depois de conquistada.

A identificação da fidelidade ou não de um cliente é um dos principais elementos de avaliação dos resultados de uma ação de relacionamento e, portanto, é tratada no Capítulo 6, "Avaliação do resultado". Aqui, cabe discutir o que leva um cliente a se tornar fiel. Os benefícios citados anteriormente podem levar à fidelidade, mas é importante entender mais a fundo esse processo. Para iniciar essa discussão, é preciso primeiro compreender: o que é um cliente fiel?

Uma possibilidade é definir fidelidade como repetição da compra. Assim, são considerados fiéis aqueles clientes que compram repetidas vezes e satisfazem uma parcela significativa de suas necessidades por determinado produto com a empresa. Essa definição, contudo, pode não ser suficiente. A recompra pode ser resultado apenas da inércia do cliente ou de sua indiferença com relação ao produto. Por exemplo, você pode comprar repetidamente a mesma marca de água mineral não porque prefere essa marca, mas simplesmente porque ela é oferecida no supermercado do seu bairro. A fidelidade deve representar algo mais.

De fato, a fidelidade poderia ser definida como a recompra gerada pela predisposição do cliente em relação a uma marca, ou seja, pela preferência que ele dá a essa marca.[23] Nesse sentido, a fidelidade está relacionada não apenas com a recompra, mas também com a preferência pela marca.[24] E o que é necessário fazer para conquistar a fidelidade do cliente? Essa é a pergunta que quase todos os gestores gostariam de poder responder...

O índice de satisfação vem sendo amplamente apontado como o principal antecedente da fidelização e, muitas vezes, inclusive, é utilizado como forma de indicar a fidelidade em si.[25] É evidente que a satisfação é condição necessária para que a fidelidade ocorra – um cliente não se tornará verdadeiramente fiel a menos que esteja satisfeito com a empresa. Porém, a satisfação pode não ser suficiente para que a fidelidade seja mantida. É possível, por exemplo, que um cliente esteja satisfeito com o produto que compra, porém decida, mesmo assim, buscar alternativas. É possível ainda que o cliente esteja satisfeito com a marca A, mas esteja também satisfeito com a marca B. A satisfação só poderá se transformar em fidelidade caso outros elementos estejam presentes.[26]

Assim, além da satisfação, para que um cliente se torne fiel, é preciso que ele se sinta comprometido com a marca e que perceba que é inconveniente para ele mudar de fornecedor. Vamos analisar com mais detalhes esses dois últimos elementos: comprometimento e inconveniência de mudar.

O *comprometimento* pode ser entendido como a forte intenção do cliente em se manter com o mesmo fornecedor, apesar de situações externas que estimulem o contrário. Alguns estudiosos criticam essa visão e apontam o comprometimento como um sinônimo de fidelidade. A diferença, no entanto, está no caráter puramente cognitivo – e não comportamental – do comprometimento: o comprometimento diz respeito à intenção de permanência, enquanto a fidelidade diz respeito à permanência em si. O comprometimento é, portanto, algo que antecede a ocorrência da fidelização.[27]

Existem dois tipos de comprometimento: o comprometimento afetivo e o comprometimento calculativo. O *comprometimento afetivo* ocorre quando o cliente tem intenção de continuar negociando com a mesma empresa por causa de um sentimento de pertencimento. Já o *comprometimento calculativo* ocorre quando o cliente pretende continuar negociando com a mesma empresa para evitar possíveis ônus com a mudança de fornecedor.[28]

Pode-se dizer, então, que o comprometimento afetivo está vinculado a benefícios percebidos pelo cliente que o estimulam a se manter fiel "porque quer", enquanto o comprometimento calculativo está vinculado a penalizações ao cliente, as quais fazem com que a retenção seja conquistada "porque tem que ser".[29]

Seja como for, para que um cliente se sinta comprometido com uma dada empresa, é preciso que ele perceba que é inconveniente mudar de fornecedor. A *inconveniência de mudar* é gerada por diferentes custos de mudança.

Mas o que são custos de mudança? Esses custos podem ser conceituados como aqueles que visam impedir os clientes de mudar para outro fornecedor. Eles podem ser divididos em dois blocos: custos positivos e custos negativos. Os *custos positivos* englobam a criação de valor e benefícios dos quais o cliente reluta em abrir mão. Já os *custos negativos* relacionam-se com punições ao cliente.[30]

Por exemplo, suponhamos que você contrate um dado serviço e, depois de três meses, queira cancelá-lo. Se, ao entrar em contato com a empresa prestadora do serviço, você for informado de que o cancelamento acarretará uma multa, esta poderá funcionar como um custo de mudança negativo. Ou seja, você poderá repensar sua ideia inicial de cancelar o serviço para evitar uma punição: a multa.

É verdade que o trabalho do marketing de relacionamento se baseia na busca da fidelidade pela oferta de valor superior aos clientes-alvo, e não pela criação de punições. Nesse sentido, os laços financeiros, sociais, de personalização e estruturais – responsáveis, respectivamente, pelas ligações de nível 1, 2, 3 e 4 entre empresa e cliente – podem ser considerados custos de mudança positivos.

Por exemplo, imagine que você frequente sempre o mesmo cabeleireiro. Se esse cabeleireiro já conhece seu gosto, seu estilo, seu cabelo e sabe como cortá-lo da forma que lhe agrada, pode ser que você relute em mudar de profissional. Essa relutância, no caso, seria fruto de um custo de mudança positivo. Você não quer perder o benefício de ser atendido por alguém que o conhece e já se adaptou a você.

Esse conhecimento e essa adaptação do cabeleireiro em relação a você são formas de personalização em massa (ligação de nível 3). Assim, essa personalização pode ser vista como uma das maneiras de fidelizar o cliente. Quanto mais estreito o laço entre empresa e cliente, mais forte o custo de mudança positivo e, portanto, maior a chance de fidelização do cliente.

Questões

1. Explique as diferentes estratégias genéricas propostas por Porter e as compare com as disciplinas de valor propostas por Treacy e Wiersema.

2. Para cada uma das três disciplinas de valor propostas por Treacy e Wiersema, aponte uma empresa que a exemplifique. Que características dessas empresas o levaram a essa classificação?

3. Um cliente compra sempre a mesma marca de sabão em pó. Apenas essa informação é suficiente para afirmar que ele é um cliente fiel? Por quê?

4. Como a relação de aprendizagem entre empresa e cliente e a personalização em massa podem contribuir para a fidelização do cliente?

5. Cite exemplos de custos de mudança positivos e negativos. De que forma cada um deles pode contribuir com a fidelização do cliente?

Referências bibliográficas

1. WOODRUFF, Robert B. Customer value: the next source for competitive advantage. *Journal of Academy of Marketing Science*, Greenvale, v. 25, n. 2, p. 139-153, 1997.
2. GOLDSTEIN; TOLEDO, op. cit.
3. CHURCHILL, Gilbert A.; PETER J. Paul. *Marketing*: criando valores para os clientes. 2. ed. São Paulo: Saraiva, 2005.
4. FESTINGER, Leon. *A theory of cognitive dissonance*. Stanford: Stanford University Press, 1957.
5. BLACKWELL, Roger D.; MINIARD, Paul W.; ENGEL, James F. *Comportamento do consumidor*. 9. ed. São Paulo: Editora Thomson, 2005.
6. Ibid.
7. WOODRUFF, op. cit.
8. Ibid.
9. PORTER, Michael E. *Vantagem competitiva*. 16. ed. Rio de Janeiro: Campus, 1989.
10. TREACY, Michael; WIERSEMA, Fred. Customer intimacy and other value disciplines. *Harvard Business Review*, Boston, v. 71, n. 1, p. 84-95, 1993.
11. MCKENNA, Regis. *Marketing de relacionamento*: estratégias bem-sucedidas para a era do cliente. Rio de Janeiro: Campus, 1992. GORDON, Ian H. *Relationship marketing*: new strategies, techniques and technologies to win the customer you want and feet them forever. Toronto: John Wiley & Sons Canada, 1998. PEPPERS, Don; ROGERS, Martha. *Marketing 1to1*. 2. ed. São Paulo: Makron Books, 2001. SHETH, Jagdish N.; PARVATIYAR, Atul. *A handbook of relationship marketing*. Thousand Oak: Safe Publication, 2000.
12. GORDON, op. cit.
13. Ibid.
14. SHANI, David; CHALASANI, Sujana. Exploring niches using relationship marketing. *Journal of Consumer Market*, Santa Barbara, v. 9, n. 3, p. 33-42, 1992.
15. GORDON, op. cit.
16. BERRY, Leonard. Relationship marketing of services: growing interest, emerging perspectives. *Journal of the Academy of Marketing Science*, Miami, v. 23, n. 4, p. 236-245, outono 1995. ZEITHAML, Valarie. A.; BITNER, Mary J. *Marketing de serviços*: a empresa com foco no cliente. 2. ed. Porto Alegre: Bookman, 2003.
17. SCHULZ, Don E. Are we loyal to our concept of loyalty? *Marketing News*, Chicago, v. 32, n. 13, p. 11, 1998.
18. ZEITHAML; BITNER, op. cit., p. 150.

19. SHETH, Jagdish N.; PARVATIYAR, Atul. Relationship marketing in consumer markets: antecedents and consequences. *Journal of the Academy of Marketing Science*, Miami, v. 23, n. 4, p. 255-271, outono 1995.
20. ZEITHAML; BITNER, op. cit.
21. Ibid.
22. BITNER, Mary Jo. Building service relationships: it's all about promises. *Journal of the Academy of Marketing Science*, Miami, v. 23, n. 4, p. 246-251, outono 1995. WARD, Keith; RYALS, Lynette. Latest thinking on attaching a financial value to marketing strategy: through brands to valuing relationships. *Journal of Targeting, Measurement & Analysis for Marketing*, Londres, v. 9, n. 4, p. 327-340, 2001.
23. JACOBY, B.; CHESTNUT, R. *Brand loyalty:* measurement and management. Nova York: John Wiley & Sons, 1978.
24. OLIVER, Richard L. Whence consumer loyalty. *Journal of Marketing*, Chicago, v. 63, p. 33-44, 1999.
25. SCHULZ, op. cit.
26. OLIVER, op. cit.
27. PRITCHARD, Mark P.; HAVITZ, Mark E.; HOWARD, Dennis R. Analysing the commitment-loyalty link on service contexts. *Journal of the Academy of Marketing Science*, Greenvale, v. 27, n. 3, p. 333-348, 1999.
28. BAPTISTA, Paulo de Paula. *Lealdade do consumidor e os seus antecedentes*: um estudo aplicado ao setor varejista na Internet. São Paulo, 2005. Tese (Doutorado em Administração) – Faculdade de Administração, Economia e Contabilidade, Universidade de São Paulo. FULLERTON, Gordon. How commitment both enables and undermines marketing relationships. *European Journal of Marketing*, Bradford, v. 39, n. 11/12, p. 1372-1391, 2005. JONES, Michael A.; REYNOLDS, Kristy E.; MOTHERSBAUGH, David L.; BEATTY, Sharon E. The positive and negative effects of switching costs on relational outcomes. *Journal of Service Research*, Thousand Oaks, v. 9, n. 4, p. 335-355, 2007.
29. JONES; REYNOLDS; MOTHERSBAUGH; BEATTY, op. cit.
30. Ibid.

CAPÍTULO 5

Como evitar o abandono

Um dos principais objetivos do marketing de relacionamento é manter os clientes de maior valor para a empresa. Para isso, além de desenvolver ações que visem ao entendimento e à satisfação das necessidades dos clientes, pode ser importante identificar quais são os clientes com maior probabilidade de se desligar da empresa. Com essa informação, é possível agir e realizar as modificações necessárias, evitando a perda desses clientes. É isso que o gerenciamento do *churn* busca fazer.

Churn (ou *attrition*) significa a interrupção do contrato de um cliente com uma empresa, em geral com troca para uma empresa concorrente.[1] O *churn*, portanto, está vinculado à rotatividade de clientes. Assim, o gerenciamento do *churn* consiste na evolução de técnicas que permitam à empresa manter seus clientes mais lucrativos.

De fato, com o desenvolvimento do comércio eletrônico e a intensificação da concorrência, a quantidade de informações disponíveis para o cliente aumentou, assim como a facilidade de troca de fornecedores, que estão sempre a apenas um clique. Nesse contexto, a taxa de *churn* se elevou e seu gerenciamento se tornou mais importante.[2]

Como já assinalado, uma forma de gerenciar o *churn* é prever quais são os clientes com maior probabilidade de abandonar o relacionamento com a empresa e trabalhar com eles a fim de tentar evitar que o rompimento ocorra. Agir antes que o desligamento aconteça é bastante importante, pois, uma vez perdido o cliente, é muito difícil recuperá-lo. Para isso, contudo, é preciso que a empresa seja capaz de realizar tal tipo de previsão e de identificar, dentre os clientes que provavelmente se desligarão, quais geram valor suficiente e justificam o investimento na retenção.[3]

Em geral, os motivos que levam um cliente a interromper seu relacionamento com um dado fornecedor podem ser reunidos em três grupos: (1) *desligamento involuntário* – quando o cliente é obrigado a se desligar, como no caso de clientes inadimplentes, por exemplo; (2) *desligamento involuntário acidental* – quando o cliente, por motivos que fogem ao seu controle ou ao da empresa, é forçado a trocar de fornecedor, como no caso de um cliente que, ao mudar de estado, é obrigado a procurar um novo serviço médico; (3) *desligamento voluntário* – quando o cliente opta por trocar de fornecedor.[4]

Devem ser alvo de ações de gerenciamento do *churn* os clientes que apresentam grande chance de desligamento voluntário. É possível identificar esses clientes por meio da análise de suas características no banco de dados interno da empresa.[5] Essa análise, chamada análise de *churn*, visa justamente identificar quais clientes apresentam maior probabilidade de abandonar o relacionamento com a empresa, possibilitando a ela agir com antecipação e evitar a perda dos clientes que lhe interessam. Entretanto, para que tudo isso ocorra, é preciso um conhecimento profundo dos clientes e um banco de dados confiável.

5.1 Análise de *churn*

A previsão dos clientes que apresentam maior probabilidade de romper voluntariamente o relacionamento com a empresa é feita por meio da análise dos bancos de dados (CRM – *data mining*). Essa análise pode trazer à tona padrões de comportamento comuns aos clientes prestes a trocar de fornecedor.[6] Nesse sentido, a atividade de CRM passa a trabalhar também com a predição de eventos futuros, e não apenas com a análise de eventos passados.[7]

Assim, o primeiro passo para a análise de *churn* é a classificação dos clientes. É preciso, primeiramente, criar um método capaz de indicar quais clientes abandonaram a empresa para, então, tentar desenvolver algum tipo de modelo ou apontar algum comportamento comum.

Identificar quais clientes ainda são ativos e quais já abandonaram o relacionamento com a empresa pode parecer uma tarefa fácil, mas não é. Ocorre que, quando um cliente se desliga de uma empresa, ele não necessariamente a informa sobre seu desligamento. Na verdade, com exceção de relações em que há contratos estabelecidos – como no caso da assinatura de uma revista –, o cliente não precisa informar à empresa que está trocando de fornecedor. Por exemplo, suponhamos que você tenha o costume de comprar roupas de uma determinada marca. Se, por algum motivo, essa marca deixar de satisfazer suas necessidades, você não vai ligar para a loja e avisar a vendedora que decidiu não comprar mais roupas lá. Como a marca poderia, então, perceber que você encerrou o relacionamento com ela?[8]

O desligamento pode ser inferido pela empresa, caso o cliente passe um longo período sem realizar nenhuma compra. Mas, muitas vezes, a frequência de compras entre os clientes (ou até de um mesmo cliente) é bastante variável. Por exemplo, por diversos motivos, pode ocorrer de você passar um bom tempo sem comprar roupas de sua marca preferida. De qualquer modo, ela continua sendo sua marca predileta e, assim que possível, você volta a comprar roupas dela. Nesse caso, você ainda é um cliente ativo da marca de roupas, mesmo tendo passado um período longo sem comprar dela.[9]

Duas abordagens simples podem ser usadas para identificar clientes ativos e inativos: a RFV (recente, frequente, valor) e a VAL (valor, atividade, lealdade).[10]

No método RFV, são analisados os seguintes pontos dos clientes: (1) quando ocorreu a última compra; (2) quão frequentes são as compras; (3) qual o valor médio das compras. Essa análise pode ser criticada por considerar a data da última compra um indicador de atividade do cliente. Trata-se de uma visão simplista, pois ignora as diferenças de comportamento entre os indivíduos. De fato, para que o cliente possa ser considerado ativo, é estabelecida uma data-limite para a última compra. Contudo, clientes ativos e fiéis podem ter frequências de compra muito díspares, de modo que um cliente, apesar de ativo e fiel, pode ter feito sua última compra há mais de um ano. Esse cliente, em uma análise RFV, pode ser considerado inativo.

O método VAL, por sua vez, traça um modelo para cada cliente de acordo com seu histórico de compras e relacionamento, definindo critérios para indicar um cliente como ativo ou inativo. Dessa maneira, a identificação é realizada caso a caso, e a possibilidade de erros é menor.[11]

Além desses modelos de classificação de clientes ativos e inativos, existem outros mais complexos, como o de Schmittlein, Morrison e Colombo e o de Schmittlein e Peterson.[12] Porém, a discussão desses modelos é profunda e foge ao escopo deste livro.

Uma vez identificados os clientes que se desligaram, a análise dos dados de seu relacionamento com a empresa pode permitir a criação de modelos que demonstrem padrões de comportamento. Estamos falando de modelos de previsão. Com eles, a empresa pode agir antecipadamente, buscando evitar que desligamentos ocorram de fato.

Os modelos de previsão, de forma simples, visam antecipar a resposta de uma variável dependente ou de saída (y) – no caso, a probabilidade de um cliente de alto valor abandonar o relacionamento com a empresa – a diferentes variáveis de entrada, independentes, causais ou explicativas (x). A meta é encontrar um modelo para prever $y = f(x)$.[13] Ou seja, os modelos de previsão procuram visualizar alguns comportamentos comuns aos clientes que se desligaram para poder identificar a tendência de desligamento dos clientes ainda ativos.

Por exemplo, a empresa pode perceber que muitos dos clientes que se desligaram realizaram de duas a três ligações de reclamação nos três meses anteriores ao rompimento. Nesse caso, todo cliente que realizar duas ligações de reclamação pode ser considerado um cliente com alto potencial de desligamento, e a empresa pode tentar realizar ações específicas com ele para evitar que o desligamento ocorra.

Para o desenvolvimento de um modelo de previsão, é preciso, em primeiro lugar, identificar quais variáveis de entrada (independentes) podem ser úteis para prever o comportamento da variável de saída (dependente). O objetivo nesse estágio é identificar que variáveis – como data da última compra, valor da compra, reclamação feita no *call center* – mostram com mais clareza a predisposição do cliente a abandonar o relacionamento com a empresa.[14]

Em geral, as variáveis de entrada são:

- Dados sobre o comportamento e o perfil do cliente (provenientes de dados históricos).
- Dados demográficos do cliente (idade, renda).
- Dados sobre o faturamento.
- Dados de serviços solicitados (tipos de serviços usados, tempo de uso).

- Informações e registros do *call center* (tempo de ligação, conteúdo da ligação).
- Informações sobre o mercado (despesas com propaganda realizadas pela concorrência, por exemplo).[15]

Portanto, de modo geral, esses são os dados utilizados para a previsão de *churn*. Ou seja, espera-se, por meio da análise de dados como perfil do cliente, faturamento e registros do *call center*, identificar se há ou não tendência de o cliente se desligar por conta própria da empresa.

Mas o trabalho de análise e previsão de *churn*, geralmente, precisa ser desenvolvido caso a caso, de empresa para empresa. No Brasil, uma empresa emissora de cartões de crédito vem trabalhando com modelos de previsão de *churn*, com significativo sucesso, há mais de dez anos.

Nessa empresa, a retenção de clientes é verificada caso a caso por meio da análise do número de cancelamentos e de cartões inativos, bem como da análise de *churn*. Dessa forma, de acordo com o comportamento do cliente, a empresa é capaz de prever a probabilidade de ele entrar em atrito com ela e romper o relacionamento. A previsão é feita por meio de modelos estatísticos desenvolvidos internamente. Caso seja identificado que determinado cliente apresenta grande propensão a entrar em atrito, é analisado seu valor vitalício. As atividades de retenção são determinadas de acordo com esse valor. Quanto maior o valor vitalício, maior o esforço de retenção.

Além disso, são acompanhados os contatos de reclamação dos clientes e os eventos de desgaste (atividades que não tiveram o resultado esperado, como transações negadas e erros de fatura). No caso da identificação de eventos de desgaste, a empresa entra em contato com o cliente buscando minimizar o impacto da ocorrência.

Também existem exemplos de empresas do mesmo setor que vivenciaram experiências não tão bem-sucedidas na tentativa de importar modelos de análise de *churn* já prontos. Em 2006, uma bandeira de cartões de crédito tentou implantar no Brasil um modelo de análise de *churn* desenvolvido pela matriz, nos Estados Unidos. Alguns testes foram aplicados, mas os resultados não foram efetivos. Uma hipótese é que a modelagem proposta não estava adequada aos padrões do Brasil. O projeto acabou sendo descontinuado, e a empresa, então, iniciou um processo interno de desenvolvimento de um modelo local.

O que ocorre é o seguinte: cada mercado e cada negócio apresentam peculiaridades, portanto, modelos que se ajustam a uma realidade não necessariamente geram resultados satisfatórios em realidades diferentes.

5.2 Gerenciamento de *churn*

Prever quais clientes têm mais probabilidade de abandonar o relacionamento não é suficiente. É preciso que a empresa seja capaz também de realizar ações que evitem o desligamento. Para isso, ela não só deve identificar quais clientes estão propensos a se desligar, como também deve entender o motivo do desligamento, o que leva os clientes a se tornarem *churners*. Esse é o maior desafio do gerenciamento de *churn*,[16] conforme apresentado na Figura 5.1.

A empresa só será capaz de desenvolver ações que evitem o abandono do cliente se souber quais são os motivos do abandono. É necessário que se saiba onde estão os erros, para que se possa corrigi-los. Uma forma de identificar os motivos do desligamento é por meio de pesquisa.[17] É possível entrar em contato com os clientes que se desligaram da empresa e tentar entender por que isso ocorreu. Essa ação, no entanto, pode ser de difícil operacionalização, pois, muitas vezes, clientes em atrito não estão dispostos a explicar seus motivos. Em empresas que

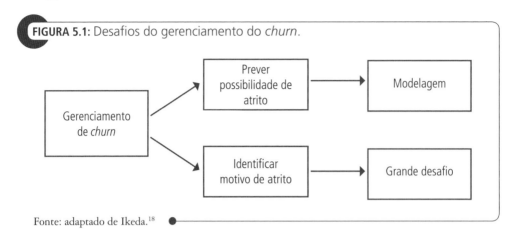

FIGURA 5.1: Desafios do gerenciamento do *churn*.

Fonte: adaptado de Ikeda.[18]

trabalham com contratos formais – como as que oferecem serviços de telefonia, por exemplo –, isso é mais simples. A empresa pode perguntar o motivo do cancelamento a todos os clientes que pedirem a suspensão do contrato. Mas, no caso de negócios em que o cliente não precisa comunicar à empresa seu desligamento (como o da marca de roupas citada anteriormente), seria preciso contatar os clientes depois de identificado seu abandono.

Pesquisas de satisfação também podem apontar possíveis falhas da empresa e auxiliar a nortear ações de gerenciamento do *churn*. Por meio dessas pesquisas, é possível identificar pontos que geram insatisfação no cliente (ou, pelo menos, reduzem sua satisfação) e agir sobre eles. Há fortes indícios de que clientes satisfeitos têm menos tendência de abandonar o relacionamento com a empresa.[19] Existem estudos que observam a relação positiva entre a satisfação do cliente e o seu tempo de relacionamento com a empresa. Observa-se também que os clientes que se relacionam há mais tempo com a empresa valorizam mais a satisfação acumulada do que novos eventos.[20]

Existem, porém, pesquisadores que questionam o fato de a satisfação ser suficiente para evitar o desligamento do cliente. Como vimos no Capítulo 4, para alguns, a satisfação não é o bastante para gerar fidelidade, porque um cliente pode estar satisfeito com dois fornecedores ao mesmo tempo. No caso, o que geraria a fidelidade seria a inconveniência de mudar de fornecedor.[21] Assim, um cliente se manteria fiel caso fosse conveniente para ele. Por exemplo, você pode estar satisfeito com a agência de turismo onde costuma programar suas viagens, mas pode trocar de empresa caso outra agência ofereça algum tipo de vantagem tentadora, como uma superpromoção. Talvez, contudo, você tenda a se manter fiel, caso isso seja conveniente para você. Essa conveniência pode ter a ver com diversos motivos: você pode ser um cliente preferencial na agência com a qual costuma trabalhar, sua agência pode já estar adaptada às suas necessidades, o atendente da agência pode já conhecer seus gostos e o tipo de viagem que você costuma fazer, o que torna a compra mais rápida e tranquila, e assim por diante.

Independentemente do modo como se busca a manutenção dos clientes com alto potencial de *churn*, o importante é que a empresa identifique esses clientes e se aproxime deles, procurando, seja por meio de pesquisa ou de análises de pesquisas anteriores, entender que ações podem ser desenvolvidas para evitar o abandono. Agir antes que o atrito de fato ocorra aumenta significativamente as chances de retenção do cliente. Depois do atrito, recuperar um cliente perdido certamente é muito mais difícil e custoso.

Questões

1. O que é *churn*?

2. Existem três formas de desligamento de um cliente da empresa fornecedora: o involuntário, o involuntário acidental e o voluntário. Explique cada um deles e o motivo que leva o gerenciamento de *churn* a focar apenas no desligamento voluntário.

3. Cite exemplos de variáveis independentes que poderiam compor um modelo de previsão de *churn* para uma empresa de telefonia móvel. Defenda suas escolhas.

4. Por que o trabalho de gerenciamento de *churn* deve ser feito apenas para os clientes com maior valor vitalício?

5. Proponha um projeto de pesquisa de marketing que poderia auxiliar no processo de gerenciamento de *churn*.

Referências bibliográficas

1. IKEDA, Ana Akemi. Segure o *churn*! In: LOVELOCK, Christopher; WIRTZ, Jochen. *Marketing de serviços*: pessoas, tecnologia e resultados. 5. ed. São Paulo: Pearson Prentice Hall, 2006.
2. Ibid., p. 397.
3. NESLIN, Scott A.; GUPTA, Sunil; KAMAKURA, Wagner; LU, Junxiang; MASON, Charlott H. Defection detection: measuring and understanding the predictive accuracy of customer churn models. *Journal of Marketing Research*, Chicago, v. 43, n. 2, p. 204-211, 2006.
4. SUZUKI, M. *Modelagem de churn a partir de registros de solicitações de reparo de clientes*. São Paulo, 2010. Dissertação (Mestrado em Administração) – Escola de Administração de Empresas, Fundação Getulio Vargas.
5. FERREIRA, J. B. *Data mining applied to customer retention in wireless telecommunications*. Rio de Janeiro, 2005. Dissertação (Mestrado em Engenharia) – Departamento de Engenharia Elétrica, Pontifícia Universidade Católica.
6. WARD, Keith; RYALS, Lynette. Latest thinking on attaching a financial value to marketing strategy: through brands to valuing relationships. *Journal of Targeting, Measurement & Analysis for Marketing*, Londres, v. 9, n. 4, p. 327-340, 2001.

7. NESLIN; GUPTA; KAMAKURA; LU; MASON, op. cit.
8. SCHMITTLEIN, David C.; PETERSON, Robert A. Customer base analysis: an industrial purchase process application. *Marketing Science*, Linthicum, v. 13, n. 1, p. 41-67, 1994.
9. Ibid.
10. LEJEUNE, Miguel A. P. M. Measuring the impact of data mining on churn management. *Internet Research*, Bradford, v. 11, n. 5, p. 375-387, 2001.
11. Ibid.
12. SCHMITTLEIN, David C.; MORRISON, Donald G.; COLOMBO, Richard. Counting your customer: who are they and what will they do next? *Management Science*, Linthicum, v. 33, n. 1, p. 1-24, 1987. SCHMITTLEIN; PETERSON, op. cit.
13. FERREIRA, op. cit. SUZUKI, op. cit.
14. FERREIRA, op. cit.
15. Ibid.
16. IKEDA, op. cit.
17. KEAVENEY, Susan M. Customer switching behavior in service industries: an exploratory study. *Journal of Marketing*, Chicago, v. 59, n. 2, p. 71-82, 1995.
18. IKEDA, op. cit.
19. ZEITHAML, Valarie. A.; BITNER, Mary J. *Marketing de serviços*: a empresa com foco no cliente. 2. ed. Porto Alegre: Bookman, 2003.
20. BOLTON, Ruth N. A dynamic model of the duration of the customer's relationship with a continuous service provider: the role of satisfaction. *Marketing Science*, Linthicum, v. 17, n. 1, p. 45-65, 1998.
21. PEPPERS, Don; ROGERS, Martha. *Marketing 1to1*. 2. ed. São Paulo: Makron Books, 2001.

CAPÍTULO 6

Avaliação do resultado

Implantar o marketing de relacionamento demanda um grande investimento de tempo e de capital – afinal, é preciso alterar a cultura da empresa, inserir o cliente no processo de produção e garantir a personalização em massa. Desse modo, nenhuma empresa pode (ou deveria) iniciar um esforço de relacionamento sem ter um método para avaliar se esse esforço gerará, de fato, resultados positivos. Assim, é preciso ter uma estrutura capaz de medir resultados. E, para que seja possível avaliar os resultados de ações de marketing de relacionamento, é necessário que se tenha um banco de dados com informações sobre cada cliente e suas transações.

Além da manutenção das informações dos clientes realizada em todos os novos contatos dele com a empresa (os momentos da verdade, vistos no Capítulo 2) e da possibilidade de um diálogo contínuo com eles, uma das principais características do banco de dados de clientes é sua capacidade de avaliar os resultados de ações desenvolvidas. Na verdade, a existência de um banco de dados e o gerenciamento desse banco por meio do CRM é pré-requisito para que se possam avaliar os resultados do marketing de relacionamento.[1]

Conceitualmente, o marketing de relacionamento é bastante convincente: a empresa deve focar os clientes atuais de maior valor e desenvolver relacionamentos duradouros, mantendo sempre uma relação de aprendizagem com eles e adaptando as ofertas às suas necessidades. Essas ações devem trazer, entre outros benefícios, a fidelidade do cliente e o aumento da lucratividade da empresa.

Mas não basta o conceito ser convincente: é preciso que ele realmente traga os retornos, ou os benefícios, que se propõe a trazer. E é apenas por meio de um processo estruturado de avaliação dos resultados que se consegue identificar se a empresa está mesmo (ou não) se apropriando de todos os benefícios que o marketing de relacionamento pode gerar.

Assim como ocorre com qualquer ação realizada em uma empresa, os resultados das ações de relacionamento devem ser medidos de acordo com os objetivos traçados, ou seja, com o benefício buscado pela empresa. A avaliação dos resultados é exatamente a mensuração que mostra se os objetivos traçados foram ou não alcançados.[2]

Portanto, para que se possa discutir os resultados de ações de marketing de relacionamento, o primeiro passo consiste em identificar que benefícios essas ações podem gerar para a empresa.

6.1 O que medir

Os benefícios que as empresas devem esperar de suas ações de marketing de relacionamento são, justamente, os retornos dessas ações. A fidelidade do cliente pode ser considerada o principal benefício das ações de relacionamento, uma vez que o marketing de relacionamento foca a criação de uma ligação de longo prazo entre empresa e cliente. Contudo, outros benefícios também podem ser apontados. Na verdade, podem-se dividir os benefícios do marketing de relacionamento para as empresas em benefícios subjetivos e benefícios financeiros.

Os *benefícios subjetivos* relacionam-se ao entendimento das necessidades dos clientes e, em consequência, a melhores adaptações[3] e mais qualidade no produto entregue[4] – elementos que, em conjunto, podem levar à satisfação do cliente.[5] Além disso, destacam-se como benefícios subjetivos: a inconveniência para o cliente de mudar de fornecedor[6] (o que, com a satisfação, pode levar ao comprometimento do cliente com a marca, o qual, por sua vez, pode levar a sua fidelização)[7] e a retenção de funcionários.[8] Os benefícios subjetivos do marketing de relacionamento podem ser sintetizados como mostra a Figura 6.1.

De fato, o entendimento das necessidades dos clientes pode ser definido como o primeiro benefício do marketing de relacionamento, do qual todos os demais derivam. O relacionamento é o único ativo que realmente importa para a empresa, que é capaz de gerar resultados no longo prazo. Por meio dele, a empresa pode desenvolver competências e vínculos com o cliente dificilmente

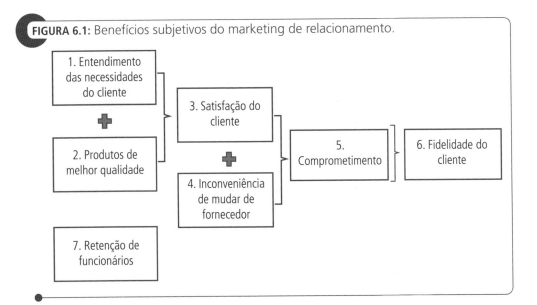

FIGURA 6.1: Benefícios subjetivos do marketing de relacionamento.

copiáveis. A partir desses vínculos, ela pode fazer crescer a capacidade de personalização em massa e adaptar as ofertas aos clientes em base individual.[9] Esse ciclo de acúmulo de conhecimento do cliente e adaptação da oferta às necessidades manifestadas é chamado de relação de aprendizagem.[10]

É por conta dessa aprendizagem que os produtos ofertados aos clientes passam a ter maior qualidade (segundo benefício subjetivo creditado ao marketing de relacionamento).[11] Isso vale, especialmente, para os serviços, cuja qualidade tem a ver com a relação do cliente com os funcionários, com a personalização do produto e com o histórico de transações do cliente com a empresa.[12]

Como a adaptação às necessidades mutantes dos clientes aumenta a credibilidade da marca,[13] produtos mais bem adaptados ajudam a gerar satisfação, o terceiro benefício subjetivo apresentado. Clientes satisfeitos podem tornar-se mais fiéis. Contudo, para tornarem-se realmente fiéis, é preciso que a troca de fornecedor seja inconveniente para eles. Quarto benefício subjetivo apontado, a inconveniência de o cliente mudar de fornecedor configura um custo de mudança.

Conforme discutido no Capítulo 4, custos de mudança podem ser conceituados como aqueles que visam deter os clientes de mudar para outro fornecedor.[14] Como vimos, esses custos podem ser divididos em positivos e negativos, com os positivos englobando a criação de valor e benefício dos quais o cliente reluta em abrir mão e os negativos relacionando-se com punições ao cliente, como multas por desligamento, por exemplo.[15]

Pode-se supor, portanto, que custos de mudança positivos também decorrem do entendimento das necessidades do cliente. A partir das informações levantadas sobre cada cliente, as empresas são capazes de se adaptar às suas necessidades, a fim de tornar inconveniente a mudança de fornecedor. Isso ocorre porque fica mais fácil para o cliente continuar a se relacionar com um fornecedor que já compreendeu suas necessidades do que iniciar um novo relacionamento, em que todas as suas expectativas terão de ser ensinadas para o novo fornecedor.[16] Ou seja, uma vez que a personalização faz com que os produtos se tornem mais adaptados e convenientes ao cliente, pode-se supor que ela atue como um custo de mudança positivo.

A satisfação e a inconveniência de mudar de fornecedor estimulam o comprometimento do cliente, o quinto benefício subjetivo do marketing de relacionamento. O comprometimento, conforme visto no Capítulo 4, é entendido como a forte intenção do cliente em se manter com o mesmo fornecedor, apesar de situações externas que estimulem o contrário.[17] É amplamente aceito que, quanto maior o comprometimento, maior a tendência de fidelidade do cliente, o sexto benefício do marketing de relacionamento.

Por fim, pode-se citar como benefício subjetivo do marketing de relacionamento a retenção de funcionários. Isso ocorre porque é mais fácil para a empresa reter funcionários quando possui uma base estável de clientes e, portanto, relações estáveis. Dessa forma, os custos de demissão, contratação e treinamento são reduzidos.[18]

Quanto aos *benefícios financeiros*, eles têm a ver com redução de custos[19] e aumento do valor vitalício da base de clientes – esse aumento se deve ao crescimento da quantidade de produtos comprados por cliente,[20] à maior probabilidade de o cliente concordar em pagar um preço superior pelo produto oferecido,[21] à geração de publicidade gratuita por meio de comunicação boca a boca e à redução de publicidade negativa espalhada por clientes insatisfeitos.[22] Eles têm a ver também com a diminuição do índice de perda dos clientes.[23] Em conjunto, esses fatores tendem a trazer maior lucratividade para a empresa. A Figura 6.2 resume os benefícios financeiros advindos do marketing de relacionamento.

A redução de custos, apontada como o primeiro benefício financeiro do marketing de relacionamento, ocorre porque, ao trabalhar com clientes existentes, as empresas diminuem o esforço em conquista e, consequentemente, os custos relacionados a ela,

FIGURA 6.2: Benefícios financeiros do marketing de relacionamento.

os quais englobam comunicação, custos administrativos e instalações.[24] O conhecimento dos clientes também reduz os custos de atendimento a eles. De fato, a redução de custos ocorre muito mais pelo acúmulo de dados do cliente do que pelo aumento do volume de produção.[25] Isso foi consagrado pela curva de experiência que, segundo Abernathy e Wayne,[26] demonstra a redução dos custos à medida que o volume de produção acumulada aumenta.

O segundo benefício financeiro apontado é o aumento do valor vitalício da base de clientes. Esse valor pode ser ampliado pelo crescimento do volume de compras de cada cliente. Os clientes tendem a gastar mais a cada ano que passam relacionando-se com uma empresa fornecedora. Assim, clientes antigos tendem a realizar mais compras de um mesmo fornecedor, e compras de maior volume,[27] o que se deve ao aumento de sua satisfação e de seu comprometimento. Por meio desse aumento, o marketing de relacionamento intensifica a probabilidade de os clientes atuais comprarem novamente o produto ou a marca da mesma empresa em futuras ocasiões. Intensifica, também, a chance de os clientes atuais comprarem outros produtos da mesma empresa (um produto ou linha de produtos complementar), em vez de buscarem um concorrente.[28] O aumento do volume de compras pode ser gerado pelo oferecimento de produtos adequados em virtude do entendimento das necessidades dos compradores.[29] Ao mesmo tempo, clientes fiéis percebem valor superior em comprar do mesmo fornecedor e, por isso, tendem a estar dispostos a pagar preços maiores.[30]

Por outro lado, o valor vitalício do cliente também pode ser ampliado pela comunicação positiva gratuita gerada de boca em boca. Isso ocorre quando um cliente satisfeito com a empresa fornecedora transmite essa satisfação para sua rede de relações, realizando, assim, publicidade positiva. Esse tipo de publicidade pode trazer novos clientes para a empresa sem que sejam necessários investimentos diretos.[31] Além disso, clientes insatisfeitos costumam queixar-se a seus conhecidos com muito mais ênfase e muito mais vezes do que clientes satisfeitos costumam elogiar o fornecedor de seus produtos. Evitar o potencial destrutivo de clientes insatisfeitos já é, por si só, um grande ganho para a organização.[32] Todos esses fatores juntos fazem com que o valor financeiro do cliente, seu valor vitalício, aumente.

Por fim, a gestão do relacionamento com o cliente aumenta o índice de fidelidade e, portanto, diminui o índice de perda, o risco de abandono (*churn*). Assim, a redução de custos, o aumento do valor vitalício da base de clientes e a diminuição do índice de perda dos clientes levariam a uma maior lucratividade. Mas é importante que se destaque o seguinte: o marketing de relacionamento, como apontado no Capítulo 1, não é adequado para todas as realidades empresariais. Para que uma empresa possa se apropriar dos benefícios que o marketing de relacionamento consegue trazer, é importante que as condições do mercado em que a empresa atua, bem como suas características, sejam adequadas. É necessário ainda que as ações desenvolvidas pela empresa sejam corretas. Somente assim os benefícios aqui listados podem ser perseguidos com assertividade.

É importante perceber que a adequação da oferta às necessidades e às expectativas dos clientes é sempre apontada como fator gerador dos benefícios financeiros. Ora, sendo a adequação do produto e o desenvolvimento de produtos de qualidade benefícios subjetivos do marketing de relacionamento, pode-se entender que os benefícios financeiros são, na realidade, decorrentes dos benefícios subjetivos.

No entanto, além dos indicadores subjetivos, que trazem resultados como maior satisfação e fidelidade do cliente, o incremento do valor acionário, que fornece uma visão global da situação, também deve ser monitorado.[33] No limite, espera-se que todas as ações desenvolvidas consigam alavancar o valor da empresa.

De forma geral, ainda hoje, as métricas utilizadas pelas empresas para avaliar seus resultados em ações de marketing de relacionamento não estão bem desenvolvidas ou bem comunicadas.[34] Pesquisas indicam que a maioria das empresas não utiliza métricas adequadas de avaliação. Em uma pesquisa realizada na Inglaterra, 68,4% dos entrevistados disseram que realizam pesquisas referentes ao índice de aquisição de clientes; 64,4% afirmaram que fazem pesquisas de satisfação dos clientes; 54,2% garantiram que realizam pesquisas de retenção de clientes; 52% pesquisam o retorno por cliente; 41,3% medem a satisfação do funcionário. Como fica claro, as variáveis apontadas pela pesquisa como avaliadoras de resultados de ações de marketing de relacionamento foram: aquisição de clientes, satisfação dos clientes, retenção de clientes, retorno por cliente e satisfação do funcionário. Apesar de terem sido apresentados esses importantes indicadores, um número muito pequeno de empresas trabalhava com todos eles.[35]

A não realização de avaliação dos resultados das ações de marketing de relacionamento ou a realização de avaliações equivocadas pode induzir as empresas a não perceber que as ações desenvolvidas não estão produzindo os resultados esperados. Um exemplo disso é uma pesquisa que foi realizada em oficinas. Essa pesquisa mostrou que o oferecimento de descontos para clientes antigos não contribuiu para a fidelidade deles. Pelo contrário, nos casos pesquisados, indiretamente esses descontos reduziram a fidelidade.[36] De forma semelhante, outro estudo realizado com seguradoras mostrou que as características diferenciadas oferecidas nos serviços da empresa não traziam incremento de retorno financeiro, muito provavelmente por não terem sido desenvolvidos com base em informações do cliente. Ou seja, as empresas estavam oferecendo serviços diferentes, mas não diferenciados do ponto de vista do cliente.[37]

São muitos os exemplos de ações desenvolvidas que não trazem os resultados esperados ou que, como nos casos apresentados, trazem resultados contrários aos esperados. Assim, é válido frisar a importância da avaliação dos resultados das ações de marketing de relacionamento para que se possa ter certeza de seu sucesso e corrigir possíveis falhas. Ou seja, caso sejam identificados problemas na avaliação dos resultados, é possível que se tomem ações de correção.

Contudo, tomando-se os benefícios trazidos pelo marketing de relacionamento como possíveis objetivos de suas ações e, portanto, variáveis de avaliação do resultado, observa-se que existe uma quantidade bastante grande de variáveis que podem ser consideradas indicadores de resultado. Acompanhar e medir todas as variáveis demandaria um investimento muito alto e poderia tornar o controle excessivamente caro. Por isso, é preciso que se saiba selecionar as variáveis que são melhores indicadoras do resultado. Dentre os possíveis objetivos das ações de marketing de relacionamento, alguns são considerados correlacionados, o que significa que podem ser avaliados de forma conjunta. Já outros são vistos como menos essenciais.

De fato, ao analisar os estudos que se dedicam à avaliação dos resultados de ações de marketing de relacionamento, observa-se que nem todos os possíveis benefícios das ações (e, portanto, possíveis objetivos) são apontados como variáveis de avaliação. Por exemplo, com relação aos benefícios subjetivos, o entendimento das necessidades dos clientes e a entrega de produtos de melhor qualidade são tidos como pré-requisitos para a satisfação do cliente, portanto, a satisfação em si basta para a medição.

Assim, apesar de todos os benefícios das ações de marketing de relacionamento serem possíveis variáveis de avaliação do resultado, existem algumas que recebem maior atenção. Em geral, são apontadas como variáveis os seguintes itens, que serão discutidos na seção a seguir:

- Satisfação do cliente.
- Fidelidade.
- Aumento da lucratividade, que se divide em:
  - Aumento do valor vitalício do cliente.
  - Redução do índice de perda dos clientes.

6.2 Como medir

Uma vez definido o que será medido, deve-se estabelecer como a medição será feita. Um método geral de mensuração é o grupo de controle. Para trabalhar com o grupo de controle, a empresa deve identificar um grupo que esteja sendo alvo do esforço de relacionamento e outro que não esteja. Em seguida, deve comparar a evolução das variáveis indicadoras de resultado nos dois grupos. Assim, é possível identificar as alterações nos indicadores que são efeito das ações de marketing de relacionamento (verificadas apenas no grupo que é alvo dessas ações) e as que são decorrentes de outras ações e mudanças do mercado (identificadas nos dois grupos).[38] Em análises de casualidade, é praticamente impossível afirmar que uma ação causou outra. Porém, um grupo de controle pode auxiliar no isolamento da variável em análise (no caso, as ações de marketing de relacionamento), permitindo que a casualidade seja inferida com mais consistência.

A utilização de grupos de controle, no entanto, só se torna exequível após a determinação de um método para mensurar a evolução de cada variável indicadora do êxito da ação de marketing de relacionamento. De fato, é preciso que se tenha um método adequado para a mensuração de cada uma das variáveis selecionadas. Como já vimos, dentre as possíveis variáveis de avaliação do resultado de ações de marketing de relacionamento, destacam-se: a satisfação do cliente, a fidelidade e o aumento da lucratividade – elementos que veremos a seguir.

6.2.1 Satisfação do cliente

A satisfação – apontada como um dos principais objetivos de ações de marketing de relacionamento, juntamente à fidelização do cliente – deve ser avaliada sempre, como forma de aferir a qualidade das ações de marketing de relacionamento desenvolvidas. E é preciso tanto mensurar repetidamente o grau de satisfação dos clientes pelos produtos atuais como deixá-los conscientes de que estão sendo cuidados.[39]

A satisfação do cliente, porém, é um assunto complexo. Para poder buscar informações relevantes para a mensuração da satisfação, é preciso que a empresa tenha grande conhecimento sobre seus produtos, o modo como os clientes os compram e por que o fazem. A satisfação está intimamente ligada à percepção de qualidade do cliente, e qualidade não é só subjetiva: ela é também relativa (comparativa em relação a outras empresas). A percepção de qualidade está relacionada com o que o cliente espera do produto.

Por esse motivo, é importante entender como as expectativas são formadas. Em geral, as expectativas se desenvolvem ao longo da experiência dos clientes. Essa experiência, no entanto, não é relacionada apenas com o produto. Ela também diz respeito à cultura, à propaganda, às vendas, à comunicação boca a boca e às atividades de pós-marketing da empresa. Assim, as expectativas devem variar de um cliente para outro ou até em um mesmo cliente, se ele for analisado em momentos diferentes.[40]

A satisfação ocorre na medida em que as expectativas são satisfeitas. Segundo Vavra: "Tomando por base as expectativas, a satisfação pode ser definida quase simplesmente como a extensão pela qual as expectativas dos clientes sobre um produto são atendidas pelos benefícios reais que recebem".[41]

Assim, podemos dizer que a satisfação é influenciada pela qualidade do produto, por atributos específicos desse produto e também por fatores situacionais e pessoais.[42] Esses fatores são apresentados na Figura 6.3.

A qualidade e o preço do produto e dos serviços relacionados (ou de apoio) são fatores ligados à satisfação sob controle da empresa. Já os fatores situacionais dizem respeito ao ambiente externo no momento da compra e do consumo, ao passo que os fatores pessoais têm a ver com as características, as experiências

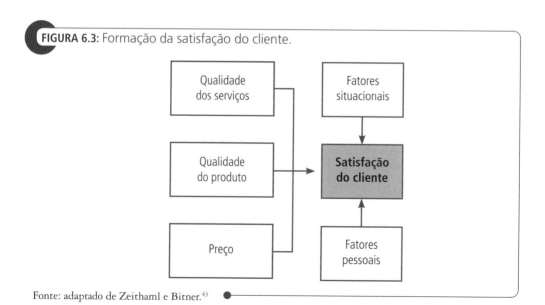

FIGURA 6.3: Formação da satisfação do cliente.

Fonte: adaptado de Zeithaml e Bitner.[43]

e as preferências do cliente. Isso significa que os fatores tanto situacionais como pessoais não estão sob controle da empresa, mas devem ser entendidos e considerados por ela.[44]

Um sistema de avaliação da satisfação deve, portanto, ser pautado no entendimento das expectativas dos clientes, na qualidade do produto oferecido e nos fatores externos (pessoais e situacionais) que influenciam a satisfação. Contudo, para mensurar a satisfação dos clientes, a empresa não pode ser só receptiva e trabalhar com opiniões dadas espontaneamente por eles. É preciso uma ação formalizada de busca de informações.

Para avaliar a qualidade percebida pelo cliente, algumas escalas podem ser trabalhadas. Um exemplo bastante conhecido para avaliação da qualidade em serviços, especificamente, é a chamada escala Servqual.[45] Essa escala foi apresentada pela primeira vez em 1988 por Parasuraman, Zeithaml e Berry e, desde então, já passou por inúmeros aperfeiçoamentos e revisões. Servqual não é uma sigla, e sim o nome dado à escala, de modo que não há significado. Trata-se de uma escala que busca identificar a qualidade de um serviço analisando-o por meio de cinco dimensões: tangibilidade, responsividade, segurança, empatia e confiabilidade.

A *tangibilidade* compreende a aparência das instalações, dos funcionários, das máquinas e aparelhos e da comunicação, ou seja, é a aparência daquilo que o cliente pode ter como pista física da qualidade do serviço. A *responsividade* é a vontade de ajudar o cliente e o oferecimento do serviço com motivação. A *segurança* tem a ver com o conhecimento dos funcionários e a capacidade da empresa de inspirar confiança. A *empatia* é a medida da personalização do serviço, isto é, a importância que é dada aos clientes e o esforço da empresa para atender às necessidades individuais de cada um deles. Por fim, a *confiabilidade* diz respeito à capacidade da empresa de entregar o produto prometido com precisão. A confiabilidade tem sido apresentada como o elemento mais importante da formação das percepções de qualidade em serviços.[46] O Quadro 6.1 traz a escala Servqual.

QUADRO 6.1: Escala Servqual.

PERCEPÇÕES

Afirmações sobre percepção na dimensão confiabilidade	Discordo totalmente				Concordo totalmente
1. Quando a empresa XYZ promete fazer algo em um determinado momento, ela realmente o faz	1	2	3	4	5
2. Quando você tem um problema, a empresa XYZ mostra um interesse sincero em resolvê-lo	1	2	3	4	5
3. A empresa XYZ executa o serviço corretamente já na primeira vez	1	2	3	4	5
4. A empresa XYZ presta seus serviços no prazo em que prometeu	1	2	3	4	5
5. A empresa XYZ mantém seus clientes informados acerca de quando os serviços serão executados	1	2	3	4	5
Afirmações sobre percepção na dimensão responsividade	**Discordo totalmente**				**Concordo totalmente**
1. Os funcionários da empresa XYZ prestam serviços prontamente	1	2	3	4	5
2. Os funcionários da empresa XYZ estão sempre dispostos a ajudá-lo	1	2	3	4	5
3. Os funcionários da empresa XYZ nunca estão demasiadamente ocupados para atender sua solicitação	1	2	3	4	5
Afirmações sobre percepção na dimensão segurança	**Discordo totalmente**				**Concordo totalmente**
1. O comportamento dos funcionários da empresa XYZ inspira confiança em você	1	2	3	4	5
2. Você se sente seguro em suas transações com a empresa XYZ	1	2	3	4	5
3. Os funcionários da empresa XYZ são realmente gentis com você	1	2	3	4	5
4. Os funcionários da empresa XYZ têm o conhecimento necessário para responder às suas perguntas	1	2	3	4	5

Continua

Continuação

Afirmações sobre percepção na dimensão empatia	Discordo totalmente				Concordo totalmente
1. A empresa XYZ dá atenção individual	1	2	3	4	5
2. A empresa XYZ possui funcionários que dão atenção individualizada	1	2	3	4	5
3. A empresa XYZ leva os seus interesses mais importantes a sério	1	2	3	4	5
4. Os funcionários da empresa XYZ compreendem suas necessidades	1	2	3	4	5
Afirmações sobre percepção na dimensão tangíveis	Discordo totalmente				Concordo totalmente
1. A empresa XYZ possui equipamentos com aparência moderna	1	2	3	4	5
2. As instalações da empresa XYZ possuem apelo visual	1	2	3	4	5
3. Os funcionários da empresa XYZ são bem apresentáveis e cuidam de sua aparência	1	2	3	4	5
4. Os materiais associados com o serviço (como panfletos ou frases utilizadas na comunicação) possuem apelo visual na empresa XYZ	1	2	3	4	5
5. A empresa XYZ possui horário de atendimento conveniente	1	2	3	4	5

Fonte: Zeithaml e Bitner.[47]

Nessa escala, cada uma das cinco dimensões da qualidade é analisada por meio de múltiplos itens responsáveis pela captação dos atributos fundamentais do serviço. É importante destacar que, embora a escala Servqual seja desenvolvida para a avaliação da satisfação dos clientes em relação a serviços, ela pode ser adaptada a bens.

A escala parte da premissa de que os clientes avaliam a qualidade dos serviços mediante a comparação entre suas percepções a respeito deles e as expectativas que tinham. Assim, as pontuações da escala expressam justamente a diferença entre as expectativas dos clientes e suas percepções dos serviços. As dimensões que apresentam notas negativas são aquelas em que a empresa prestadora de serviços está falhando.

Apesar de a Servqual ser bastante adequada – uma vez que trabalha a relação entre expectativas e percepções –, a percepção de qualidade não é suficiente para a avaliação da satisfação do cliente. Existem propostas de desenvolvimento de pesquisas com o objetivo específico de mensurar a satisfação em si. Essas pesquisas, no entanto, seriam desenvolvidas sob medida para cada situação ou para cada mercado. O que existe é um modelo passo a passo que deve ser seguido para a montagem dessas pesquisas. Esse modelo é explicitado pelas seguintes etapas:

1. Definição dos objetivos do programa.
2. Seleção do método de pesquisa de campo.
3. Definição da amostragem e do *timing* (datas).
4. Projeto do questionário.
5. Pré-teste do questionário.
6. Análise dos resultados e preparação do relatório.[48]

Na definição do objetivo, a primeira etapa na mensuração do nível de satisfação, é importante que fiquem claros quais assuntos serão abordados pela pesquisa e como os resultados serão utilizados internamente. Os assuntos abordados devem ser capazes de gerar informações sobre as expectativas dos clientes, os fatores externos que influenciam sua satisfação e a qualidade do produto.

Os assuntos podem ser definidos por meio da listagem de críticas e elogios feitos pelos clientes em contatos anteriores com a empresa. Mas esse não deve ser o único meio de levantamento dos assuntos: grupos-foco e entrevistas em profundidade também são elementos muito ricos para levantar questões pertinentes à satisfação do cliente e devem ser estudados.

Geralmente, são avaliados os seguintes assuntos:

- Sistema de entrega do produto.
- Desempenho relativo do produto.
- Imagem geral da organização.
- Preço/valor recebido do produto.
- Desempenho dos funcionários.
- Forças e fraquezas dos concorrentes.[49]

Apesar de recorrentes, contudo, esses assuntos não são suficientes para avaliar a satisfação em todos os casos. Cada empresa precisa realizar seu levantamento de assuntos para que possa respeitar as peculiaridades de seu produto e de seu mercado.

Por fim, vale salientar que não há consenso sobre a satisfação ser, por si só, alvo da avaliação dos resultados de marketing de relacionamento. Alguns pesquisadores afirmam que não se deve medir a satisfação porque o cliente pode estar satisfeito com a marca estudada e, ao mesmo tempo, estar ainda mais satisfeito com o concorrente, não se mostrando, assim, fiel.[50] Nesses casos, a avaliação direta da fidelidade pode se mostrar mais útil.

6.2.2 Fidelidade

A fidelidade é apontada como um dos principais retornos esperados de uma ação de marketing de relacionamento. É por meio dela que ganhos financeiros podem ser alcançados – afinal, em muitos casos, manter clientes é mais barato que conquistá-los; além disso, clientes fiéis tendem a ser mais rentáveis. A fidelidade deve ser, então, uma das variáveis avaliadas em ações de marketing de relacionamento.

Mas como medir a fidelidade? O índice de satisfação vem sendo amplamente utilizado como forma de determinar a fidelidade do cliente. A satisfação, no entanto, não é considerada suficiente para avaliar a fidelidade, pois clientes satisfeitos podem não ser fiéis, e clientes insatisfeitos podem sê-lo.[51] De acordo com pesquisas,[52] alguns clientes não são fiéis mesmo quando a empresa alcança índices de satisfação total. Em outras palavras, não há total correlação entre satisfação e fidelidade. É preciso medir a fidelidade em si.

O primeiro passo para medir a fidelidade é definir operacionalmente o que, de fato, é fidelidade. Só assim é possível acompanhar a evolução desse indicador. Uma possibilidade é estabelecer fidelidade como repetição da compra. Assim, são considerados fiéis aqueles clientes que compram repetidas vezes e satisfazem uma parcela significativa de suas necessidades por determinado produto com as ofertas da empresa. De acordo com essa visão, a avaliação da fidelidade deve ser feita pela mensuração da recompra. Ou seja, todo cliente que comprar novamente é considerado fiel.

Esse tipo de definição, contudo, pode não ser suficiente. A recompra pode ser resultado da inércia do cliente ou de sua indiferença com relação ao produto. Por exemplo, vamos supor que você sempre compre a mesma marca de sal de cozinha. Apenas essa informação não é suficiente para classificá-lo como um cliente fiel a essa marca. Pode ser que você compre a mesma marca de sal não porque a prefira, mas sim porque não se envolve com a compra e, por isso, adquire a marca que encontra com mais facilidade.

A fidelidade deve representar algo mais. Ela pode ser definida como o vínculo do cliente com a marca.[53] O vínculo, por sua vez, se compõe de quatro elementos: (1) o quanto o produto satisfaz as necessidades dos clientes; (2) o quanto o cliente está envolvido com a categoria do produto e está, realmente, interessado nela; (3) a existência de alternativas de oferecimento do mesmo produto; (4) a dificuldade de o cliente mudar de fornecedor do produto. Ou, então, a definição de fidelidade pode levar em conta a de cliente fiel, o qual pode ser descrito como aquele que continua comprando de uma empresa mesmo que outra ofereça condições mais vantajosas no curto prazo.[54]

A questão, portanto, é como operacionalizar uma medição que avalie o vínculo do cliente com a marca. Para isso, é preciso identificar que características (ou comportamentos) um cliente deve manifestar para que possa ser considerado fiel. Essas características (ou comportamentos) são chamadas *consequentes da fidelização*. São considerados aqui consequentes da fidelização e, portanto, formas de averiguar a existência de fidelidade os seguintes itens: (1) recompra, (2) indicação, (3) preferência e (4) predisposição a pagar mais.[55]

Assim, caso um cliente aponte essas características, ele poderá ser considerado um cliente fiel. É preciso, pois, conseguir averiguar cada uma dessas características. Para isso, diferentes autores sugerem escalas distintas de medição. Essas escalas são elementos que podem ser aplicados em questionários de pesquisa de marketing. Elas seriam capazes de mensurar até que ponto cada consequente da fidelização está ou não presente.

Para medir a recompra, por exemplo, poderia ser aplicado um questionário com itens como:

- Pretende fazer mais negócios com a XYZ nos próximos anos?
- Pretende fazer menos negócios com a XYZ nos próximos anos?
- Por favor, estime quantas vezes nos últimos 12 meses você realizou negócios com a XYZ.[56]

Já para medir a preferência, poderia ser pedido que o cliente indicasse seu grau de concordância com frases do tipo:

- Para mim, a XYZ é igual a outras empresas.
- Tento negociar sempre com a XYZ porque ela é a melhor escolha para mim.[57]

Também seria possível solicitar que o respondente indicasse seu grau de concordância com algumas frases para mensurar sua predisposição a pagar mais. Nesse caso, poderiam ser utilizadas frases como:

- Continuaria fazendo negócios com a XYZ mesmo se seus preços aumentassem um pouco.[58]

É preciso ter em mente que uma pesquisa capaz de identificar cada um dos consequentes da fidelização deve ser adaptada a cada negócio. Toda empresa pode (e deve) desenvolver seu próprio instrumento de pesquisa, ou seja, seu próprio questionário, sua própria escala de medição. O importante é que essa escala seja capaz de identificar os quatro consequentes da fidelização.

Existe ainda uma proposta de medição da fidelidade do cliente baseada apenas em sua indicação. Trata-se de uma escala de medição chamada NPS (*net promoter score*). Para o cálculo do índice NPS, é feita apenas uma pergunta: qual a probabilidade de você nos indicar a um amigo ou colega? Para a resposta à pergunta, é apresentada uma escala de 0 a 10, sendo 0 nenhuma probabilidade de indicar e 10 muita probabilidade. Os respondentes dividem-se, então, em três grupos: os que responderam 9 ou 10, os chamados promotores; os que responderam 7 ou 8, os passivos; e aqueles que responderam de 0 a 6, os detratores. O índice NPS é calculado subtraindo-se o percentual de clientes detratores do percentual de clientes promotores.

Entre o índice NPS e a taxa de crescimento da empresa, existe uma correlação grande, mas as pesquisas até agora realizadas são inconclusivas na tentativa de estabelecer um múltiplo que seja capaz de apontar a taxa de crescimento por meio do índice NPS. Para isso, as empresas deveriam acompanhar os demais índices relacionados com o crescimento da empresa (são citados: retenção de clientes, margem de contribuição dos clientes, seus gastos anuais, custo para atendimento dos clientes e comunicação boca a boca positiva). Deveriam também, pela evolução desses índices e do NPS, estabelecer uma relação entre eles. Uma vez estabelecida a relação entre essas variáveis, apenas o NPS precisaria ser medido e acompanhado.[59]

Algumas críticas podem ser feitas ao método NPS. Por ele se basear em apenas uma única pergunta, perde-se o entendimento dos motivos que fazem com que o cliente se mostre mais ou menos fiel à empresa. Além disso, os demais consequentes da fidelização não são considerados. Porém, é inegável a simplicidade e a fácil operacionalização dessa forma de medição – o que, muitas vezes, pode ser mais importante do que a rigorosidade da medida. Uma possibilidade, inclusive, seria o desenvolvimento de medidas igualmente simples para os demais consequentes da fidelização.

6.2.3 Aumento da lucratividade

O aumento da lucratividade decorrente da fidelização dos clientes é largamente apontado como um dos principais benefícios que devem ser perseguidos pelas ações de marketing de relacionamento. Por isso, para a avaliação dos resultados dessas ações, uma das primeiras preocupações deve ser o retorno financeiro.

Ou seja, é preciso verificar se as ações desenvolvidas geram lucros ou prejuízos para a empresa, certificando-se de que a análise leve em conta benefícios no longo prazo, e não apenas calcule os retornos e os custos em um mesmo período. Vale dizer que a medição de resultados baseada apenas no curto prazo pode levar as empresas a entender erroneamente seus resultados e a desenvolver atividades que, embora sejam positivas no curto prazo, destruam a possibilidade de criação de valor em longo prazo.[60] Nenhuma ação se justifica se não gerar retorno positivo para a empresa, mesmo que seja em longo prazo.

Algumas pesquisas[61] apontam que, apesar de toda a crença que se tem no maior valor dos clientes fiéis, as evidências empíricas disso são ainda inconclusivas. Segundo essas pesquisas, não se pode afirmar, com certeza, que clientes fiéis são mais lucrativos que clientes novos. Diante disso, torna-se ainda mais importante a realização da avaliação financeira. Lembre-se de que são poucos os clientes de uma empresa que valem, de fato, algum investimento em relacionamento. Por isso, é importante que a empresa saiba mensurar corretamente o valor de cada cliente antes de iniciar um esforço de relacionamento. Ademais, para avaliar os resultados de ações de relacionamento em termos de lucratividade, além de analisar o incremento de receitas e a redução de custos, é preciso que se saiba calcular o valor vitalício do cliente. Mais do que isso, é preciso que se saiba avaliar a variação do valor vitalício do cliente que as ações são capazes de gerar.

6.2.3.1 *Aumento do valor vitalício do cliente*

Como apontado no Capítulo 3, a fórmula ROC (*return on customer* – retorno sobre o cliente) não avalia o valor vitalício do cliente em si, mas sim sua variação ao longo do tempo. Essa variação é uma forma interessante de avaliar o retorno financeiro de ações de relacionamento.

Segundo os autores que desenvolveram essa metodologia, todo cliente tem, por natureza, um dado valor vitalício para a empresa ou para o tipo de produto. Caso a empresa trabalhe corretamente o marketing de relacionamento com seus clientes, ela pode aumentar o valor vitalício de clientes estratégicos.

Imagine a seguinte situação: você costuma cortar o cabelo em um cabeleireiro perto de sua casa ou de seu trabalho. Mesmo que esse cabeleireiro não faça nenhum tipo de ação de relacionamento com você nem se esforce para aumentar sua satisfação e sua fidelidade, sua relação com ele terá certo valor vitalício, que é igual ao valor que você paga pelo corte menos os custos que o cabeleireiro tem para lhe atender multiplicado pela quantidade de vezes que você cortará o cabelo no estabelecimento.

No entanto, o cabeleireiro pode realizar ações que façam com que o seu valor vitalício aumente ou diminua – é claro que, via de regra, a diminuição não é o objetivo de nenhuma ação de relacionamento. Por exemplo, o cabeleireiro pode se empenhar para fazer um bom corte, aprender seus gostos e se adaptar às suas necessidades. Isso pode aumentar sua satisfação, tornar mais custoso para você buscar um novo local para cortar o cabelo e, consequentemente, aumentar a quantidade de vezes que você opta por esse cabeleireiro. No caso, essa mudança aumentaria seu valor vitalício, pois você cortaria mais vezes o cabelo no local. Outro exemplo: o cabeleireiro pode lhe oferecer novas ofertas, como produtos para o cabelo ou tratamentos estéticos adequados ao seu perfil. Se você adquirir esses produtos, seu valor vitalício também aumentará, pois as receitas geradas por você crescerão.

Como deixam claro os exemplos dados, as ações de relacionamento e a ampliação (ou diminuição) do valor vitalício do cliente estão intimamente relacionados. Se a empresa for capaz de avaliar a variação do valor vitalício de cada um de seus clientes, ela poderá verificar se as ações de relacionamento desenvolvidas estão, ou não, tendo resultados positivos. Para avaliar a variação do valor vitalício do cliente, é proposta a fórmula ROC que, como já salientado, é apresentada e discutida no Capítulo 3.[62]

Apesar de bastante interessante para a avaliação dos resultados de ações de relacionamento sobre o valor dos clientes, o ROC não pode, de forma alguma, substituir medições financeiras tradicionais.[63]

6.2.3.2 Redução do índice de perda dos clientes

A variação do índice de perda dos clientes (ou índice de *churn*) de uma empresa pode ser uma forma de avaliar os resultados das ações de relacionamento.

Ações de sucesso devem ser capazes de reduzir o *churn* de clientes de maior valor. Para operacionalizar essa avaliação, basta acompanhar o índice de abandono dos cliente mais valorosos ao longo do tempo. Para isso, no entanto, é preciso que a empresa tenha um mecanismo de identificação dos clientes que estão ou não ativos em sua base, conforme discutido no Capítulo 5.

6.3 Ações de correção

Para que a atividade de avaliação realmente traga melhorias para o processo de marketing de relacionamento que está sendo desenvolvido, é preciso que ela não tenha fim em si mesma. Depois de desenvolvida a mensuração e a análise das variáveis consideradas importantes pela empresa, deve ser feita a comparação entre os resultados obtidos e os objetivos traçados. Além disso, os dados obtidos devem ser transmitidos para o restante dos envolvidos, e os possíveis erros, sanados. Essa é a última fase do processo de avaliação: a das ações de correção.

Uma vez comprovado que os objetivos traçados não foram alcançados, é preciso identificar quais falhas nas ações desenvolvidas levaram ao desempenho inferior e, então, corrigi-las. Antes, contudo, é preciso verificar se a variação entre os objetivos traçados e os resultados se deve a erros de ação ou à formulação ruim dos objetivos. De fato, os objetivos traçados podem ser incongruentes com a realidade, por terem um nível muito alto ou muito baixo. Caso isso ocorra, deve-se modificar os objetivos, e não as ações.[64] Para definir se um objetivo se apresenta corretamente formulado, é necessário analisar a situação do mercado em que a empresa está e sua posição nele.[65]

Se a discrepância entre objetivos e resultados for realmente consequência de erros de ação, deve-se rever as ações desenvolvidas. Nesse caso, as ações de correção se dividem em dois momentos. O primeiro, de efeito imediato, consiste em realizar, de forma rápida, ações pontuais que visem alcançar o objetivo para o qual o planejamento falhou. O segundo, que tem a ver com as causas, consiste na investigação das falhas do plano e na alteração definitiva de procedimentos identificados como falhos. Esse tipo de ação, porém, só será possível se a avaliação dos resultados em si — ou seja, a definição do que medir e como medir — tiver sido feita corretamente.

O processo de avaliação dos resultados (e, mais especificamente, a correção de eventuais falhas) pode ser entendido como o passo final de uma ação de marketing de relacionamento. Se os procedimentos de planejamento, implantação e avaliação das ações forem seguidos, as chances de sucesso de suas ações de relacionamento com os clientes, com certeza, serão maiores.

Questões

1. Discuta a importância de um processo estruturado de avaliação dos resultados de ações de marketing de relacionamento.

2. Por que a variação do valor vitalício dos clientes é entendida como mais relevante para a avaliação dos resultados de ações de marketing de relacionamento do que o valor vitalício dos clientes em si?

3. Escolha uma marca de produtos que você compre com frequência e proponha uma lista de tópicos a serem abordados em uma pesquisa de satisfação.

4. Assuma uma posição: satisfação é ou não um indicador suficiente para avaliar a fidelidade do cliente?

5. Proponha escalas para mensurar cada um dos quatro consequentes da fidelização.

Referências bibliográficas

1. BRETZKE, Miriam. *Marketing de relacionamento e competição em tempo real com CRM*. São Paulo: Atlas, 2000.
2. ROBBINS, Stephen P.; COULTER, Mary. *Management*. 6. ed. Nova Jersey: Prentice Hall, 1999. WESTWOOD, John. *O plano de marketing*. 2. ed. São Paulo: Makron Books, 1996.
3. MCKENNA, Regis. *Marketing de relacionamento*: estratégias bem-sucedidas para a era do cliente. Rio de Janeiro: Campus, 1992. VAVRA, Terry G. *Marketing de relacionamento*: after marketing. São Paulo: Atlas, 1993. GORDON, Ian H. *Relationship marketing*: new strategies, techniques and technologies to win the customer you want and feet them forever. Toronto: John Wiley & Sons Canada, 1998. NICKELS, William G.; WOOD, Marian Burk. *Marketing*: relacionamento, qualidade, valor. Rio de Janeiro: Livros Técnicos e Científicos, 1999. PEPPERS, Don; ROGERS, Martha. *Marketing 1to1*. 2. ed. São Paulo: Makron Books, 2001. ZEITHAML, Valarie. A.; BITNER, Mary J. *Marketing de serviços*: a empresa com foco no cliente. 2. ed. Porto Alegre: Bookman, 2003.
4. BERRY, Leonard. *Relationship marketing of services*: growing interest, emerging perspectives. *Journal of the Academy of Marketing Science*, Miami, v. 23, n. 4, p. 236-245, outono 1995. ZEITHAML; BITNER, op. cit.

5. VAVRA, op. cit. ZEITHAML; BITNER, op. cit.
6. PEPPERS; ROGERS, op. cit.
7. BAPTISTA, Paulo de Paula. *Lealdade do consumidor e os seus antecedentes*: um estudo aplicado ao setor varejista na internet. São Paulo, 2005. Tese (Doutorado em Administração) – Faculdade de Administração, Economia e Contabilidade, Universidade de São Paulo. FULLERTON, Gordon. How commitment both enables and undermines marketing relationships. *European Journal of Marketing*, Bradford, v. 39, n. 11/12, p.1372-1391, 2005. JONES, Michael A.; REYNOLDS, Kristy E.; MOTHERSBAUGH, David L.; BEATTY, Sharon E. The positive and negative effects of switching costs on relational outcomes. *Journal of Service Research*, Thousand Oaks, v. 9, n. 4, p. 335-355, 2007.
8. ZEITHAML; BITNER, op. cit.
9. GORDON, op. cit.
10. PEPPERS; ROGERS, op. cit.
11. BERRY, op. cit.
12. ZEITHAML; BITNER, op. cit.
13. MCKENNA, op. cit.
14. CARUANA, Albert. The impact of switching costs on customer loyalty: a study among corporate customers of mobile telephony. *Journal of Targeting, Measurement and Analysis for Marketing*, Londres, v. 12, n. 3, p. 256-268, 2004.
15. JONES; REYNOLDS; MOTHERSBAUGH, op. cit.
16. PEPPERS; ROGERS, op. cit.
17. PRITCHARD, Mark P.; HAVITZ, Mark E.; HOWARD, Dennis R. Analysing the commitment-loyalty link on service contexts. *Journal of the Academy of Marketing Science*, Greenvale, v. 27, n. 3, p. 333-348, 1999.
18. ZEITHAML; BITNER, op. cit.
19. GORDON, op. cit. NICKELS, William G.; WOOD, Marian Burk. *Marketing*: relacionamento, qualidade, valor. Rio de Janeiro: Editora Livros Técnicos e Científicos, 1999. PEPPERS, Don; ROGERS, Martha. *Marketing 1to1*. 2. ed. São Paulo: Makron Books, 2001. ZEITHAML, Valarie. A.; BITNER, Mary J. *Marketing de serviços*: a empresa com foco no cliente. 2. ed. Porto Alegre: Bookman, 2003.
20. GORDON, op. cit. NICKELS; WOOD, op. cit. PEPPERS; ROGERS, op. cit. ZEITHAML; BITNER, op. cit.
21. ZEITHAML; BITNER, op. cit.
22. VAVRA, op. cit. ZEITHAML; BITNER, op. cit.
23. BERRY, op. cit.
24. ZEITHAML; BITNER, op. cit.
25. GORDON, op. cit.
26. ABERNATHY, William. J.; WAYNE, Kenneth. Limits of the Learning Curve. In: WEITZ, Barton, A. WENSLEY, Robin.

Strategic marketing planning, implementation and control. Boston: Kent Publishing Company, 1984.
27. ZEITHAML; BITNER, op. cit.
28. VAVRA, op. cit.
29. GORDON, op. cit.
30. ZEITHAML; BITNER, op. cit.
31. ZEITHAML; BITNER, op. cit. VAVRA, op. cit.
32. VAVRA, op. cit.
33. PAYNE, Adrian; FROW, Pennie. A strategic framework for customer relationship management. *Journal of Marketing*, Chicago, v. 69, n. 4, p. 167-176, 2005.
34. Ibid.
35. Ibid.
36. IZQUIERDO, Carmen Camarero; CILLÁN, Jesús Gutiérrez; GUTIÉRREZ, Sonia San Martín. The impact of customer relationship marketing on the firm performance: a Spanish case. *The Journal of Services Marketing*, Santa Barbara, v. 19, n. 4, p. 234-344, 2005.
37. RIBEIRO, Áurea Helena Puga; GRISI, Celso Cláudio de Hildebrande; SALIBY, Paulo Eduardo. Marketing de relacionamento como fator-chave de sucesso no mercado de seguros. *RAE*, São Paulo, v. 39 n. 1, p. 31-41, 1999.
38. HART, Paula. Proving the long-term value of your customer loyalty program. *Target Marketing*, Filadélfia, v. 23, n. 2, p. 44, 2000.
39. VAVRA, op. cit.
40. VAVRA, op. cit. ZEITHAML; BITNER, op. cit.
41. VAVRA, op. cit., p. 165.
42. ZEITHAML; BITNER, op. cit., p. 88.
43. Ibid.
44. Ibid.
45. ZEITHAML; BITNER, op. cit.
46. Ibid.
47. Ibid.
48. VAVRA, op. cit., p. 177.
49. Ibid., p. 178.
50. GORDON, op. cit.
51. SCHULZ, Don E. Are we to loyal to our concept of loyalty? *Marketing News*, Chicago, v. 32, n. 13, p. 11, 1998.
52. SHRAKE, Scott. Studies find loyalty pinned (loosely) to satisfaction, value. *Target Marketing*, Filadélfia, v. 22, n. 9, p. 14-16, 1999.
53. SCHULZ, op. cit.
54. LEJEUNE, Miguel A. P. M. Measuring the impact of data mining on churn management. *Internet Research*, Bradford, v. 11, n. 5, p. 375-387, 2001.
55. ZEITHAML, Valarie A.; BERRY, Leonard L.; PARASURAMAN, A. The behavioral consequences of service quality. *Journal of*

Marketing, Chicago, v. 60, n. 2, p. 31-46, 1996. PRITCHARD; HAVITZ; HOWARD, op. cit. BENNETT, Rebekah; RUNDLE-THIELE, Sharyn. A comparison of attitudinal loyalty measurement approaches. *Journal of Brand Management*, Londres, v. 9, n. 3, p. 193-209, 2002. FULLERTON, op. cit. BAPTISTA, op. cit. JONES; REYNOLDS; MOTHERSBAUGH, op. cit.

56. ZEITHAML; BERRY; PARASURAMAN, op. cit., p. 38. PRITCHARD; HAVITZ; HOWARD, op. cit., p. 346. FULLERTON, op. cit., p. 1381.
57. MUNCY, James. *An investigation of the two-dimensional conceptualization of brand loyalt*. Lubbock, 1983. Dissertação de Ph.D. – Universidade do Texas apud PRITCHARD; HAVITZ; HOWARD, op. cit., p. 346.
58. ZEITHAML; BERRY; PARASURAMAN, A., op. cit., p. 38.
59. REICHHELD, Frederick. The microeconomics of customer relationships. *MIT Sloan Management Review*, Cambridge, v. 47, n. 2, p. 73-78, 2006.
60. PEPPERS, Don; ROGERS, Martha. *Retorno sobre clientes*: um modo revolucionário de medir e fortalecer o seu negócio. Rio de Janeiro: Elsevier, 2005.
61. SHETH, Jagdish N. The future of relationship marketing. *The Journal of Services Marketing*, Santa Bárbara, v. 16, n. 7, p. 590-592, 2002.
62. PEPPERS; ROGERS, op. cit., 2005.
63. Ibid.
64. ROBBINS; COULTER, op. cit.
65. WESTWOOD, op. cit.

Estanplaza Hotels: o desafio de construir uma atitude anfitriã e acolhedora

Autoras:
Profa. dra. Thelma Rocha e
Profa. Msc. Marielza Cavallari

1 Introdução

Este caso ilustra o desafio vivenciado por uma rede hoteleira em São Paulo que para se diferenciar da concorrência decidiu mudar sua estratégia operacional e se destacar na área dos serviços através da implantação de atitude acolhedora, baseada em um modelo de gestão participativa, dando mais autonomia aos seus colaboradores e criando uma atmosfera diferenciada para seus clientes.

Este caso ilustra a necessidade de encantar o cliente e ir além das expectativas básicas para se criar uma diferenciação de médio e longo prazo diante da concorrência.

2 A empresa

A Rede Estanplaza de Hotéis é uma empresa pertencente ao Grupo Concivil-Estanplaza, formada por 100% de capital nacional, que já atua no mercado desde 1997. A Rede Estanplaza conta com mais de 600 colaboradores distribuídos em 10 unidades, todas na cidade de São Paulo, e para a concretização dos hotéis foram investidos mais de cem milhões de dólares.

Para repensar a estratégia de negócio da rede, a empresa começou procurando internamente os motivos que a fazia ser percebida como especial. Concentrou seus esforços em aperfeiçoar esses diferenciais e desenvolver um conceito que valoriza a hospitalidade do brasileiro, o aconchego e o bem-estar dos hóspedes criando o *slogan*: "Bem-estar com Alma Brasileira".

Assim, a Estanplaza posiciona-se como uma rede que oferece hotelaria com alma brasileira. Seus hotéis buscam refletir em seus serviços características tidas como típicas do nosso povo: alegria, hospitalidade, preocupação com o bem-estar dos que são de fora, alimentação farta e saborosa.

Seu público-alvo são os clientes que procuram um ambiente confortável e amigável quando estão fora de casa; clientes que, embora quase sempre estejam em viagens de trabalho, apreciam que seu hotel busque se aproximar o máximo possível de um ambiente familiar e relaxante.

A Rede Estanplaza aposta em agregar valor. É para as empresas que valorizam a parte humana e buscam acomodar bem seus funcionários em viagem que a rede Estanplaza quer trabalhar.

O negócio da Rede Estanplaza não é "vender quartos", mas sim "encantar pessoas" e encontrar a melhor solução em hotelaria para as necessidades de seus clientes.

3 O setor hoteleiro e a concorrência

O mercado hoteleiro da cidade de São Paulo tem passado por muitas transformações. O excesso de oferta faz com que as taxas de ocupação em alguns momentos sejam baixas, em torno de 40%.

O turismo em São Paulo é de negócios, o que faz com que a ocupação se concentre nos dias úteis, ocorrendo ociosidade nos finais de semana.

A concorrência hoteleira em São Paulo está concentrada em sete grandes redes: Accor, Atlântica, Blue Tree, Hilton, Hyatt, WTC e Estanplaza. Os investimentos feitos pela Rede Estanplaza faz com que ela tenha um sistema de vendas centralizado, o que lhe permite ter um conhecimento total de suas disponibilidades como rede, e não hotel a hotel, dando mais flexibilidade aos clientes.

4 Perfil dos clientes e posicionamento

A maior parte dos clientes, de 80 a 90%, vem de empresas e agências que trabalham para as empresas, sendo 40% dos clientes de fora do País e 60% dos clientes do território nacional.

O posicionamento Estanplaza foi decodificado em oito atributos de bem-estar e multissoluções. Atributos esses que, juntos, formam a definição de hotelaria para a Rede Estanplaza.

Atmosfera Estanplaza: ambientes, luz e sons combinados de maneira a despertar sensações como conforto, bem-estar, relaxamento.

Café da manhã da fazenda: bolos, quitutes e bebidas típicos das raízes brasileiras.

Atitude anfitriã e acolhedora: o calor humano e a alegria de uma equipe toda preocupada em atender a todas as necessidades dos hóspedes. Na casa Estanplaza, o hóspede é o convidado.

Atividades de entretenimento: para um *happy hour* alegre e descontraído após um longo dia de trabalho fora de casa. O hóspede pode se divertir mesmo sem sair do hotel, desfrutando de momentos de relaxamento e bem-estar.

Eventos encantadores: privacidade, criatividade e *coffee breaks* temáticos para os eventos das empresas.

Show de cozinha: para sentir os sabores do mundo e os típicos da culinária brasileira.

Mimos: pequenas surpresas e lembranças para alegrar o dia a dia.

Conhecer o cliente como ninguém: saber de onde vem, para quem trabalha e como é sua família, tudo para que, mesmo estando longe, o hóspede se sinta em casa.

5 A estratégia

Para que pudessem formatar e oferecer seus serviços de acordo com o novo posicionamento, foi definido que a gestão da empresa se basearia na *gestão participativa*.

Diferentemente de outras empresas do setor, os procedimentos não vêm prontos de uma central; os casos de êxito identificados em uma unidade são levados para a central, que os formata e, então, repassa como orientação para as demais unidades.

Esse modo de operar surgiu quando decidiram ouvir os comentários dos colaboradores que interagiam diretamente com os hóspedes.

A *gestão participativa* é uma forma de fazer as ilhas, formadas pela combinação da hierarquia de cargos como gerente, supervisor e colaborador, interagirem com os projetos em andamento nas áreas de vendas, reservas, recepção, alimentação e bebidas, eventos e entretenimento, governança e manutenção. Com a formação de equipes multifuncionais e multi-hierárquicas, a Rede Estanplaza conseguiu formar uma visão do todo para todos na organização.

A base da estratégia da Rede Estanplaza está na atitude. Os manuais e apostilas são operacionais, mas, para que o hotel tenha "alma brasileira", cada colaborador precisa conhecer o atributo, pensar na situação que está vivenciando e transformar o pensamento em ações.

6 Gestão operacional

Uma vez definidos os atributos de bem-estar e montadas as equipes de trabalho dos projetos, os atributos foram sendo implantados e consolidados.

Por exemplo, o produto "Atitude anfitriã e acolhedora" busca colocar o cliente mais à vontade e permitir um contato mais próximo do recepcionista com o cliente. Para isso, os balcões de atendimento foram transformados em mesas, às quais o hóspede pode se sentar para preencher a ficha e receber informações.

Após a implantação de todos os atributos, foi desenvolvido um procedimento de certificação interna de cada atributo. Isso visa garantir a hegemonia dos atributos em toda a rede.

7 Gestão de pessoas

A contrapartida da *gestão participativa* é uma gestão de recursos humanos focada no desenvolvimento dos colaboradores.

Na Rede Estanplaza, são feitos investimentos na formação e no aprimoramento dos funcionários. Para os colaboradores não há o funcionário do mês, mas sim a atitude do mês.

Os líderes são avaliados pelo "atributo do mês", porque os atributos de bem-estar têm indicadores para monitorar sua *performance*. No atributo do mês são computados as notas do questionário de avaliação dos atributos, os comentários dos clientes e os depoimentos que os funcionários ouvem e registram dos hóspedes.

Há também um sistema de avaliação que busca delegar responsabilidade aos líderes de equipe. Por exemplo, ninguém pode se candidatar a uma promoção se não treinou seu substituto. Também não se pode demitir uma pessoa por mau desempenho se não se registrou nenhum *feedback* sobre isso para ele antes.

Além disso, foi implantado o programa "hóspede oculto". A adoção desse programa permite que se faça uma avaliação a partir do ponto de vista do hóspede.

8 Considerações finais

Este caso ilustrou como uma rede de hotéis buscou construir o encantamento dos seus clientes por meio da estruturação de uma atitude anfitriã e acolhedora.

Na rede estudada, o objetivo é levar o funcionário a entender por que faz as coisas. Por exemplo, mais do que dizer aos funcionários que devem atender ao telefone até o terceiro toque, fazem-no ligar e vivenciar a espera, para que entendam o porquê de se atender rapidamente.

É uma estratégia difícil, porque tem que desenvolver o funcionário, dar voz para ele, e, ao mesmo tempo, moldá-lo. São dois lados de uma mesma moeda: um funcionário que pensa é mais ativo, mas também é mais questionador.

Por outro lado, os resultados são muito gratificantes. O cliente que se sentiu encantado, em uma próxima estada na cidade de São Paulo, vai pedir para a secretária reservar aquele hotel que o tratou bem.

Em cidades com forte concorrência, onde as taxas de ocupação apresentam momentos de baixa, a construção da vantagem competitiva baseada na atitude acolhedora aparenta ser um caminho interessante para se criar um posicionamento diferenciado na mente do consumidor.

Questões

1. Quais outros setores poderiam se beneficiar da construção de um diferencial baseado na atitude acolhedora dos seus colaboradores?

2. Quais são os principais pilares da nova estratégia operacional da Rede Estanplaza de Hotéis?

3. A gestão participativa é fundamental para a construção da vantagem competitiva baseada na atitude acolhedora?

4. Com base nos oito atributos de bem-estar e multissoluções desenvolvidos pela Rede Estanplaza de Hotéis, quais são os mais importantes para a construção da sua vantagem competitiva?

5. Que outras ações ou programas, além do "hóspede oculto", podem fazer parte do plano de marketing para que a empresa garanta estar continuamente atualizada sobre a percepção do cliente sobre seus serviços?

Fonte: Este texto é baseado no *Caso Estanplaza Hotels*: O desafio de vender soluções hoteleiras. Central de Cases ESPM. Disponível em: <http://www.espm.br/Publicacoes/CentralDeCases/Documents/ESTANPLAZA.pdf>. Acesso em: 30 maio 2012.

Sobre as autoras

Profa. dra. Thelma Rocha

Thelma Rocha é coordenadora e professora do Programa de Mestrado em Gestão Internacional da ESPM. Doutora em Administração de Empresas pela FEA-USP, Mestre em Administração pela EAESP-FGV, com especialização em International Business pela SSE – Suécia. Autora de diversos livros e artigos nas áreas de gestão dos *stakeholders*, marketing e fidelização de clientes.

Profa. Msc. Marielza Cavallari

Marielza Cavallari é professora de Marketing e Comunicação da ESPM e do Insper. Mestre em Administração de Empresas pela EAESP-FGV, tem ampla experiência como executiva de Marketing em organizações multinacionais e atua como consultora de Marketing Estratégico e Novos Negócios.

CASOS PRÁTICOS

VR & Você

Autores:
Prof. Marcelo Custodio de Oliveira,
Marcos Elia Soares e Márcio Fujimura

1 Cenário

1.1 Sobre a VR

A marca VR participa do dia a dia das pessoas desde 1977. Hoje, está presente em três áreas: *private equity*, gestão de recursos e serviços financeiros. Essa é a evolução de uma empresa que se iniciou na área de benefícios e que, pela sua atuação, teve a sua marca reconhecida cinco vezes como a que mais respeita o consumidor, na categoria benefícios. A Smart.Net, empresa de tecnologia da VR, oferece soluções de transação e processamento de informações, e desenvolveu e gerencia o mais eficiente sistema para atender às necessidades das transações de baixo valor e alto volume em redes específicas, de maneira distribuída: o Sistema Smart.Net. A Smart.Net é líder em processamento de benefícios, com mais de 5 milhões de cartões ativos e mais de 700 milhões de transações anuais em mais de 125 mil estabelecimentos.

1.2 Sobre a Loyalty Marketing Solutions

A Loyalty Marketing Solutions é uma agência especializada, fundada em 2003, fruto da união de experiências pioneiras em *customer relationship management* (CRM), e *database marketing* (DBM) no Brasil. É de executivos com mais de 20 anos de experiência no mercado financeiro, na indústria e na internet, dos quais mais de dez anos foram dedicados a marketing de relacionamento, eventos e promoções. A Loyalty entende que é sua missão criar valor para seus clientes por meio da melhoria do relacionamento com os *stakeholders*, com práticas avançadas de marketing de relacionamento que geram aumento da lucratividade e lealdade às marcas.

1.3 Objetivo e premissas

O desafio estabelecido pela VR à Loyalty foi desenvolver um programa de relacionamento anual que permitisse a formação de *leads* de vendas para os produtos de benefícios da VR e a formação de um banco de dados de executivos a fim de servir de base a ações de relacionamento, como eventos, distribuição de brindes e outras iniciativas a serem definidas.

Como meta inicial, o plano deveria contemplar uma ação piloto de relacionamento para o primeiro ano do projeto, de forma a proporcionar resultados de vendas com taxa de resposta acima de 10% sobre a base envolvida.

Para tanto, definiu-se dois tipos de públicos-alvo: 100 a 150 empresas-clientes que dividem a conta de benefícios com outro fornecedor e 100 empresas *prospects* de grande porte.

Como alvo de vendas foram estabelecidos os produtos vale-refeição, vale-alimentação, vale-combustível e vale-transporte, a serem trabalhados no programa de relacionamento.

1.4 Obstáculos a serem enfrentados

a) Mercado de benefícios-convênio muito competitivo, com produtos com baixa diferenciação e itens praticamente *commodities*.

b) Baixa cultura de relacionamento da equipe de vendas e falta de controles.

c) Executivos de alto nível de áreas estratégicas muito abordados no dia a dia por campanhas de marketing, exigindo-se um estudo minucioso de suas necessidades.

2 Escopo do projeto

Como forma de atingir os objetivos propostos, foi elaborado um planejamento que visou desenvolver e implementar uma plataforma de CRM, que contou com quatro etapas:

Etapa 1: Formação da base de dados de marketing

Nesta etapa ocorreu a montagem da base de dados de executivos influenciadores e decisores em relação a produtos de benefícios na empresa, a fim de se levantar informações como:

- nome de todos os diretores e decisores principais das áreas de RH, finanças e compras;
- nome da secretária dos diretores;
- informações de relacionamento dos decisores, como data de aniversário, nome completo, tempo de empresa, idade, se tem filhos, time do coração, revistas e jornais que lê, atividades culturais de preferência etc.

A definição de toda a régua de relacionamento foi montada a partir das informações coletadas nesse banco de dados e inserida dentro do sistema de CRM, especialmente desenvolvido pela Loyalty para a VR.

Para fins de controle, criou-se uma arquitetura de banco de dados que possibilitou uma atualização sistemática de todas as ações de relacionamento lançadas. Essa arquitetura propiciou uma melhor organização dos dados e auxiliou no melhor conhecimento do perfil das empresas e profissionais contemplados.

Além disso, e na busca da construção de uma base relevante e consistente de dados para suportar o sistema de CRM, realizou-se, ainda:

- a compra de mailing de fornecedores que foram especialmente selecionados e testados para a ação, de forma a completar as lacunas existentes no mailing fornecido para os decisores e influenciadores das áreas de RH, finanças e compras;
- uma atualização e confirmação dos dados dos executivos por telemarketing;
- o desenvolvimento de um processo de coleta de dados envolvendo uma pesquisa de potencial de mercado, com o ob-

jetivo de coletar informações sobre a probabilidade de as empresas e seus executivos aceitarem iniciar um processo de relacionamento com a VR ou com novos produtos da VR.

Essa pesquisa utilizou como estratégia de captura de dados a disponibilização das informações a serem completadas pelo telefone ou por um hotsite especialmente montado para a ação.

Etapa 2: Desenvolvimento da ferramenta de CRM

Uma vez esse banco de dados criado, era mandatório que fossem gerados relatórios padrão periodicamente (mensalmente, quinzenalmente, bimestralmente etc.) para que a área de marketing de relacionamento da VR fosse capaz de avaliar o resultado das ações de relacionamento, independentemente da área de inteligência de negócios. Como exemplo, as informações abaixo foram elencadas como de extrema importância:

- Pessoas convidadas, pessoas confirmadas, pessoas que foram ao evento.
- E-mails enviados, e-mails abertos, links acessados, e-mails retornados.
- Malas-diretas enviadas, ativos de telemarketing gerados, receptivos com sucesso, receptivos sem sucesso etc.
- Nível de satisfação do cliente em cada ação (preferencialmente por nível hierárquico).

Para atender a essa etapa ocorreu a construção da ferramenta de CRM. A fim de que o custo de desenvolvimento da ferramenta estivesse adequado ao orçamento disponibilizado, após análise de soluções de mercado, optou-se pela criação de uma ferramenta customizada para o projeto. O processo foi realizado internamente pela equipe da Loyalty Digital, uma das divisões da Loyalty Marketing Solutions.

A ferramenta de CRM foi produzida com a possibilidade, além de armazenar e possibilitar a consulta de informações do banco de dados de marketing gerado e os resultados de campanhas, de fazer toda a monitoração dos agendamentos de visitas e ações da equipe de vendas, criando um *workflow* automatizado de contatos e com os dados psicográficos dos executivos (coletados na etapa 3).

Para o desenvolvimento, ainda, foram considerados os diversos canais de contato, conforme a matriz identificada e os processos de marketing e vendas mapeados internamente.

Como forma de proporcionar a adesão da equipe de vendas, todos da equipe de marketing de relacionamento e os usuários internos da área de relacionamento da VR foram treinados na nova ferramenta.

Etapa 3: Desenvolvimento da ação de relacionamento-piloto

Nesta etapa, após a análise e compreensão do mercado-alvo, dos produtos e das metas, criou-se uma plataforma de relacionamento para a participação das empresas-alvo.

Foi utilizada uma linguagem metafórica em relação ao papel do decisor da empresa na contratação de benefícios, de forma a gerar um conceito integrado de comunicação de marketing.

O conceito central da campanha foi definido pela frase: "Escolher os melhores ingredientes ajuda a fazer um grande jantar. Escolher as pessoas certas para participar dele faz tudo ficar ainda melhor".

Com um cadastro qualificado, os futuros clientes e um acompanhante foram convidados a participar de jantares exclusivos com renomados chefs em seus restaurantes: Alex Atala, em São Paulo; Silvana Bianchi, no Rio de Janeiro; Ivo Faria, em Belo Horizonte.

Todas as peças de comunicação desenvolvidas, como os exemplos da Figura 1, deixaram claro que o Grupo VR vai além da prestação de serviços de benefícios. Foram criados momentos de valorização do relacionamento, que excedem as expectativas e promovem a troca de experiências entre os participantes. Toda a comunicação, antes e depois dos jantares, foi personalizada e contou com peças que remetiam ao conceito central da campanha.

O jantar foi desenvolvido tendo-se em mente a ideia de criar uma atmosfera de encantamento nos participantes; dessa forma, elaborou-se um menu especial e houve interação dos chefs com os convidados. Fotos foram tiradas dos convidados e acompanhantes junto aos chefs ao final do evento, e um brinde autografado pelo chef foi entregue a cada participante. A presença de um funcionário da área de relacionamento da VR foi planejada em cada mesa, de forma a proporcionar uma integração inicial entre as partes, com foco exclusivo em gerar uma aproximação pelo relacionamento pessoal.

Imediatamente após o evento, como forma de agradecimento e com o objetivo de permitir que os participantes pudessem relembrar o evento ocorrido e divulgá-lo a quem fosse de seu interesse, foi preparada uma ação de e-mail de marketing (Figura 2) personalizada, que permitia que o convidado tivesse acesso à foto dele com o chef e a um banco de fotos do evento para download. Na ocasião foi disponibilizado um link que dava acesso a um levantamento de dados psicográficos para coletar informações sobre seus interesses em artes, esportes etc. que pudessem direcionar futuras ações de relacionamento.

FIGURA 1: Algumas peças utilizadas no Programa VR & Você.

Mala convite 3-D

E-mails de agradecimentos pela confirmação no RSVP

Lembrete 10 dias – confirmados

Lembrete 10 dias – não confirmados

Etapa 4: Ação de venda dos produtos de benefícios da VR

Como forma de estabelecer um momento que gerasse uma oportunidade de vendas concreta para a VR, foi criada uma última etapa para essa ação de relacionamento-piloto, que permitiu aproximar o profissional de relacionamento da VR e seus convidados.

> **FIGURA 2:** Edição personalizada da Revista *Canal RH*.

Um exemplar especial da revista *Canal RH*, personalizado com a foto do participante na capa, foi distribuído pelo profissional de relacionamento da VR, no qual foram utilizadas as imagens e informações coletadas durante o projeto, de forma a encantar o executivo participante dessa etapa (Figura 2). Dezoito pontos de personalização foram preparados, da foto da capa a informações colhidas durante o evento e de caráter comercial, por exemplo um descritivo do produto selecionado pelo *database marketing* como o de maior propensão à compra pelo cliente, a partir das informações fornecidas na pesquisa de potencial de mercado descrita na Etapa 1. Com isso, o profissional de relacionamento estabelecia uma abordagem comercial com o intuito de venda desse produto.

3 Resultados obtidos

Utilizando-se uma estratégia de comunicação integrada com a criatividade das peças, uma estratégia de encantamento, o acompanhamento de resultados e a integração das ferramentas de marketing direto, como mailing, *database marketing*, e-mail marketing, hotsite, mala direta, brindes, telemarketing, eventos, além de CRM (gestão de relacionamento com o cliente), o projeto conquistou os seguintes resultados:

- para uma meta de vendas de 10%, foram alcançados 22%;
- ROI (retorno do investimento) de 29%;
- confirmação de cadastro de 62%;
- preenchimento da pesquisa de potencial de mercado de 77%;
- RSVP de 74%;
- presença nos jantares de 69%.

3.1 Tempo de duração

De março de 2007 a fevereiro de 2008.

4 Considerações finais

Para uma meta de vendas de 10%, foram alcançados 22% no piloto, provando que a plataforma de relacionamento foi eficaz na obtenção dos resultados e na implementação de uma nova cultura de relacionamento na VR.

O caso apresentado ganhou a premiação máxima da Associação Brasileira de Marketing Direto (ABEMD), na categoria CRM/

DBM no ano de 2008: Agência do Ano, Melhor dos Melhores, Ouro na categoria inscrita.

Questões

1. Por que ações de encantamento como a descrita no Caso VR & Você são adequadas para a construção de relacionamento e venda de produtos do segmento de benefícios como o vale-refeição?

2. Os ciclos de relacionamento com o cliente podem ser classificados em Conquista, Ativação, Manutenção ou Fidelização, Retenção e Recuperação. Essa estratégia de relacionamento foi desenvolvida para qual ciclo?

3. Coloque-se no lugar do responsável pela criação desse programa de relacionamento. Desenvolva uma nova etapa com o objetivo de fidelizar o cliente conquistado. Use sua imaginação e procure trabalhá-la a partir dos princípios e ferramentas do marketing de relacionamento.

Sobre os autores

Prof. Marcelo Custodio de Oliveira

Marcelo Custodio de Oliveira é Prof. do MBA da FGV, MBA da FIA, mestrando em Administração pela FEA-USP e sócio da Loyalty Marketing Solutions.

Marcos Elia Soares

Marcos Elia Soares é sócio da Loyalty Marketing Solutions.

Márcio Fujimura

Márcio Fujimura é executivo de novos negócios da VR.

CASOS PRÁTICOS

Lançamento do New Fiesta: "amigos" estrangeiros enviam cartões-postais a brasileiros

Autor:
Prof. Sérgio de Souza e Silva

1 Contextualização da situação

A montadora de automóveis Ford repaginou totalmente o modelo Fiesta, que foi batizado de New Fiesta. O carro apresentava novo conceito, novo design e o mais avançado nível de segurança veicular de seu segmento. Entre outras inovações, é o único do segmento a contar com 7 airbags e a oferecer 3 anos de garantia. O modelo introduziu mais tecnologia na categoria e uma boa relação de custo.

Esse novo carro representava também uma resposta da companhia para recolocar a Ford em destaque no mundo todo e simbolizar sua renovação, por isso passou a ocupar um lugar de destaque dentro do novo portfólio de produtos.

Além disso, o produto constituía também o primeiro modelo proveniente de uma plataforma global da Ford a ser lançada no Brasil, o que significava que o veículo que chegava por aqui era o mesmo que já rodava em outros países.

Com base nos objetivos de negócio e nas características do cliente potencial a ser atingido, foram definidas as seguintes metas para a ação de comunicação dirigida:

1. Reforçar o posicionamento global do veículo.
2. Aumentar o número de visitantes na sua página do Facebook.
3. Levar clientes potenciais às concessionárias para a realização de um *test-drive*.

2 Descrição das ações da empresa e dos conceitos trabalhados

A solução foi baseada no *insight* de que ninguém é melhor para falar sobre as qualidades de um carro novo do que um proprietário apaixonado.

Para reforçar a mensagem de que o New Fiesta se trata de um produto global, pensou-se em utilizar o depoimento de proprietários entusiasmados de diversas cidades do mundo.

A Wunderman, uma das agências globais da Ford, recrutou, com o auxílio de seu *network* de agências, proprietários do New Fiesta em cidades como Nova York (EUA), Londres (Inglaterra), Colônia (Alemanha), Melbourne (Austrália) e Madri (Espanha) – locais nos quais o New Fiesta apresentou bom desempenho em vendas – e pediu a eles que escrevessem cartões-postais a pessoas que desconhecessem e que fossem moradoras no Brasil, dizendo o que eles mais gostaram no carro.

A partir de um processo de segmentação que possibilitou identificar clientes potenciais do novo veículo, mais de quarenta mil consumidores brasileiros receberam cartões-postais personalizados, de estrangeiros, todos escritos nas línguas nativas dos remetentes.

Cada postal foi ilustrado com imagens estilizadas da cidade em questão e, para reforçar a autenticidade da campanha, os cartões foram postados nos países de origem dos remetentes com a utilização dos selos daquelas localidades.

Para despertar o interesse do futuro consumidor do New Fiesta em saber mais sobre o carro, logo após a mensagem do remetente havia uma chamada à ação customizada em português, que fornecia um endereço de página na internet para que o destinatário descobrisse o que estava acontecendo. Ao acessar o link personalizado, o consumidor poderia ver uma tradução da mensagem escrita no cartão-postal que ele havia recebido. A partir dessa página, o usuário conseguiria interagir com proprietários de New Fiesta no Facebook, testar diversas configurações visuais do veículo e conhecer histórias de outras pessoas que já compraram o carro.

3 Resultados

Essa campanha de lançamento constitui um autêntico exemplo de transmídia, pois o público-alvo deveria percorrer diversas plataformas para compor um entendimento completo da ação.

Mesmo considerando que a tecnologia possibilita inúmeras formas de conexão, optou-se por utilizar como estímulo inicial um simples cartão-postal. Muito provavelmente, o sentimento de surpresa e o impacto emocional na pessoa que o recebeu resida justamente no uso de algo bastante familiar, como um cartão-postal, que nos últimos tempos tem sido sobrepujado por formas de comunicação digitais mais ágeis, como e-mails, sms e redes sociais.

Contudo, a tecnologia não foi deixada de lado, pois constitui-se uma parte importante do estilo de vida dos clientes potenciais. O convite ao acesso do link digital permitiu aos usuários uma experiência de interatividade com o veículo, com outros usuários e o compartilhamento de opiniões em redes sociais.

A ação foi considerada um exemplo global de boas práticas de marketing e obteve os seguintes resultados: 40.060 pessoas receberam os cartões-postais; 12.367 pessoas visitaram o link fornecido no cartão-postal; 3.936 se engajaram na ferramenta para customizar as configurações do veículo; e as buscas pelo veículo nas concessionárias aumentaram em 26% no período.

Questões

1. Em um mundo cada vez mais digital, qual é o papel que as ferramentas de comunicação dirigidas convencionais (teleatendimento, mala direta etc.) devem desempenhar nas ações de marketing?

2. Apesar da efervescência tecnológica representada pelas novas mídias digitais e de seu impacto na evolução da comunicação das empresas, muito das inovações desse novo ambiente se baseiam em conceitos centrais do marketing de relacionamento. Aponte que conceitos são esses e como eles impactam a atuação de marketing das empresas atualmente.

3. As redes sociais emergiram e se desenvolveram a partir de interações entre indivíduos, com uma linguagem mais próxima e pessoal. Nesse contexto, como uma marca deve proceder para gerar engajamento e se manter atraente para seu público-alvo?

Fonte: Este caso foi desenvolvido com base em informações públicas, disponíveis nas seguintes fontes: Ford estreia ação com cartões-postais para o New Fiesta. Disponível em: <http://exame.abril.com.br/marketing/noticias/ford-estreia-acao-para-o-new-fiesta>. Acesso em: set. 2012. Ford via correio. Disponível em: <http://www.istoedinheiro.com.br/

artigos/42744_UMA+CORRIDA+DE+R+400+MILHOES/>. Acesso em: set. 2012. Ford New Fiesta/Global Friends. Disponível em: <http://www.wunderman.com.br/#/cases/ford/new-fiesta-global-friends>. Acesso em: set. 2012. Ford estreia ação inédita para o New Fiesta.
Disponível em: <http://www.cidademarketing.com.br/2009/n/4299/ford-estria-ao-indita-para-o-new-fiesta.html>. Acesso em: out. 2012.

Sobre o autor

Prof. Sérgio de Souza e Silva

Prof. Sérgio de Souza e Silva é mestre em Administração de Empresas pela FEA-USP, professor de graduação e pós-graduação da FAAP e da ESPM.